Schriftenreihe
zur Praxis der Leibeserziehung
und des Sports

BAND 41

Liebe Birgit!
Alles Gute & Viel Glück
Matthias

Im April '82

Basketball-Grundschule

EINFACHE UND KOMPLEXE ÜBUNGSFORMEN

Eine Lehrhilfe zum Einüben und Festigen balltechnischer und spieltaktischer Fertigkeiten für Schule und Verein

Dr. Hannes Neumann

Verlag Karl Hofmann 7060 Schorndorf

CIP-Kurztitelaufnahme der Deutschen Bibliothek

Neumann, Hannes:

Basketball-Grundschule: einfache u. komplexe Übungsformen; e. Lehrhilfe zum Einüben u. Festigen balltechn. u. spieltakt. Fertigkeiten für Schule u. Verein / Hannes Neumann.
(Zeichn.: Ursula Düse u. Klaus Wiemann. Fotos: Karl Schröder.) —
4., unveränd. Aufl. — Schorndorf: Hofmann, 1978.
(Schriftenreihe zur Praxis der Leibeserziehung und des Sports; Bd. 41)
ISBN 3-7780-5414-7

Bestellnummer 541

4., unveränderte Auflage 1978

Zeichnungen: Ursula Düse und Klaus Wiemann
Fotos: Karl Schröder

Erschienen als Band 41 der „Schriftenreihe zur Praxis der Leibeserziehung und des Sports“
Redaktion: Karl Koch, Hamburg

Gesamtherstellung in der Hausdruckerei des Verlags
Printed in Germany · ISBN 3-7780-5414-7

Inhalt

Vorwort 7

Einleitung 9

Zeichenerklärung 10

A. Übungsformen zur Schulung der Grundelemente der Offensive . . . 11

I. Passen und Fangen 11

II. Dribbeln 16

III. Werfen 24

IV. Rebound 41

V. Schnellangriff 46

B. Übungsformen zur Schulung der Grundelemente der Defensive . . . 55

C. Übungsformen zum Konditionstraining 69

D. Übungsformen zum Aufwärmen 75

E. Übungsformen zum Spiel 2 gegen 2 79

Erläuterung der Fachausdrücke 85

Literatur 86

Vorwort

Zusammenfassungen von Basketballübungsformen für Lehrer, Übungsleiter und Trainer wurden schon in vielen Ländern, die eine führende Rolle im Basketballsport spielen, zusammengestellt. In deutscher Sprache hat etwas ähnliches jedoch bisher gefehlt. Bei dem immer mehr wachsenden Interesse der Jugend für das Basketballspiel und den immer größeren Erfolgen des deutschen Basketballs auf internationaler Ebene, ist diese Sammlung eine sehr gute Hilfe für alle, die ihre Zeit der Schulung neuer Spieler widmen. Die Sammlung stellt nicht nur für Anfänger, sondern auch für erfahrene Trainer eine Hilfe dar, weil viele Übungsformen originell und darüber hinaus der Auffassung des modernen Basketballtrainings angepaßt sind. Der Autor war selbst lange Jahre hindurch Mannschaftsführer der Deutschen Nationalmannschaft und ist jetzt als Pädagoge am Institut für Leibesübungen der Universität Heidelberg tätig, wo er auch als Trainer einer der besten Bundesligamannschaften wirkt. Viele wertvollen Erfahrungen hat er durch seinen mehrfachen Aufenthalt in den Vereinigten Staaten von Amerika gewonnen, die er jetzt in diesem Buch einer breiten Leserschaft zur Verfügung stellt.

Viele Lehrer und Trainer werden dieses Buch zur lebendigen Gestaltung von Unterricht und Training gern heranziehen.

Dr. Miloslav Kříž
Bundestrainer Basketball

Einleitung

Die nachfolgende Sammlung von Übungsformen zum Basketballspiel stellt sich die Aufgabe, dem Lehrer oder Trainer eine große Zahl *einfacher* und *komplexer Übungsformen* in die Hand zu geben. An Hand der Übungssammlung kann der Lehrer oder Trainer eine schnelle Information über alle technischen Elemente des Spiels gewinnen und im Unterricht oder Training interessant bleiben. Hauptaugenmerk liegt auf Übungsformen zum Erlernen der Grundschule, wobei Wert darauf gelegt wurde, daß diese Übungsformen weitestgehend den Erfordernissen des eigentlichen Spiels gerecht werden. Eine große Zahl der Übungsformen enthält darüber hinaus die wesentlichen taktischen Voraussetzungen des Basketballspiels. Hier wird auf das letzte Kapitel hingewiesen, das in den Bereich der Vortaktik und Taktik hineingreift, obwohl die Übungsformen so ausgewählt sind, daß in erster Linie Elemente der Grundschule geübt werden sollen.

Unter den angebotenen Beispielen finden sich einfache und komplexe Übungsformen, die je nach den vorgefundenen Umständen (Hallengröße, Anzahl der Körbe, Zahl der vorhandenen Bälle, Klassenstärke oder Teilnehmerzahl an der Übungsstunde oder am Vereinstraining) vom Lehrer oder Trainer variiert werden können. Aus organisatorischen Gründen wurde die Einteilung nach den wichtigsten technischen Fertigkeiten vorgenommen. Es wird darauf hingewiesen, daß viele der angebotenen Übungsformen eines bestimmten Themenkreises auch andere Fertigkeiten vermitteln. Es wurde bewußt darauf verzichtet, methodische Wege zum Erlernen des Basketballspiels aufzuzeigen[1]. Vielmehr werden erprobte und sinnvolle Übungsformen dargestellt, die auf allen Ebenen (Schulunterricht, Arbeitsgemeinschaft und Vereinstraining) Anwendung finden können. Die meisten der Übungsformen können auch in einer kleinen Halle mit nur zwei Körben durchgeführt werden. Außerdem genügen schon wenige Bälle zu einer sinnvoll gestalteten Übungsstunde. In den Fällen, in denen der Charakter der Übung mehrere Bälle erfordert, kann anderes Ballmaterial (etwa Gymnastikbälle) herangezogen werden.

---

[1] Ein möglicher Weg wurde innerhalb dieser Schriftenreihe bereits aufgezeigt (vgl. hierzu G. Stöcker, Schulspiel Basketball — vom Spielen zum Spiel, Bd. 12, 2. Auflage).

Die einzelnen Übungsformen werden jeweils mit einer kurzen Erklärung über Zweck und Ausführung versehen. In den Diagrammen wird die in der Fachliteratur eingeführte Symbolik verwendet:

①	=	Spieler (Angreifer)
×	=	Gegenspieler (Verteidiger)
– – – – – – →	=	Paß
————→	=	Laufweg des Spielers
————┤	=	Laufweg mit Abstoppen
∿∿∿∿→	=	Dribbling
-------------→	=	Wurf

A. Übungsformen zur Schulung der Grundelemente der Offensive

I. Passen und Fangen

Die folgenden Übungen sollen das *Passen* in den verschiedensten Formen und Situationen schulen. Dabei wird Wert auf spielnahes Üben gelegt, das heißt, auf schnelles und genaues Passen und sicheres Annehmen des Balles in den unterschiedlichsten Situationen. Gerade das richtige Passen und Fangen der Bälle gehört zur grundlegenden und unerläßlichen Technik im Basketballspiel.

1. *Dreieckspaß (Abb. 1):*

Übungsziel: Schnelles und genaues Passen im Stand. Fangen auch von scharf gespielten Bällen.

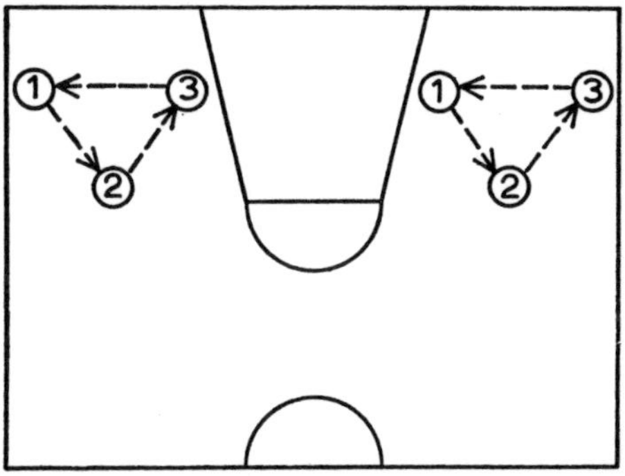

Abbildung 1

Ausführung: Die Spieler werden in Dreiergruppen unterteilt. Abstand zwischen den einzelnen Spielern etwa 4—5 Meter. Jede Gruppe erhält einen Ball. Der Ball wird im Dreieck gepaßt, wobei Formen wie Druckpaß, Überkopfpaß, Bodenpaß, Einhandpaß rechts, Einhandpaß links usw. einander abwechseln. Auch die Paßrichtung wechselt. Diese Übung kann in Wettkampfform durchgeführt werden: Welche Gruppe schafft die meisten Pässe in einer Minute?

2. *Kreispaß (Abb. 2):*

Übungsziel: Schnelles und genaues Passen im Stand. Ausspielen eines Gegenspielers. Ausführung: Fünf Spieler bilden einen Kreis. Ein sechster Spieler geht als Gegenspieler in den Kreis. Ein Ball wird von den Spielern des Kreises so schnell als möglich diagonal zu einem Mitspieler gepaßt. Berührt der Gegenspieler (x) den Ball, so wechselt er die Position mit dem, der den fehlerhaften Paß gegeben hat. Es darf nicht zum unmittelbaren linken oder rechten Nachbarn gepaßt werden. Alle Arten von Pässen sind erlaubt.

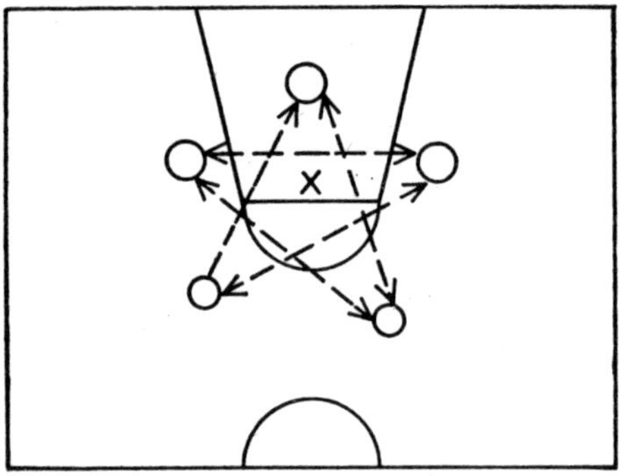

Abbildung 2

3. „Füttern“ mit zwei Bällen (Abb. 3):

Übungsziel: Schnelles Reagieren des Fängers. Richtige zeitliche Abstimmung der Pässe durch die anderen Spieler.

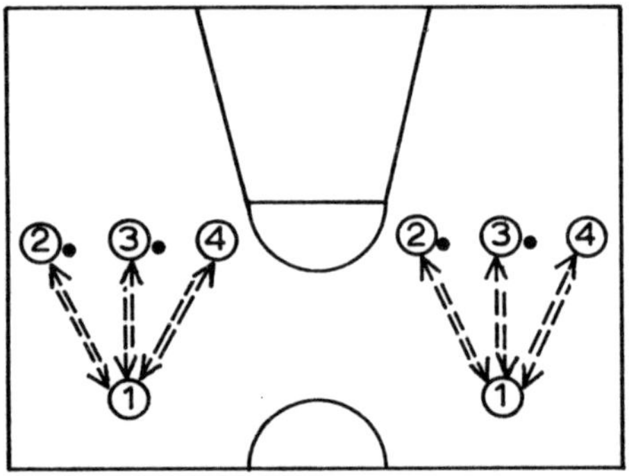

Abbildung 3

Ausführung: Zwei Bälle werden an die Spiele 2—4 verteilt. Die Bälle werden nacheinander zu 1 gepaßt, der wiederum wechselseitig zu 2, 3 und 4 spielt. 2, 3 und 4 dürfen nur zu 1, nicht aber untereinander passen. Dabei sollen die Bälle so schnell aufeinanderfolgen, daß 1 gerade noch reagieren, einen Ball fangen und zurückspielen kann, während der zweite Ball schon unterwegs ist. Es wird langsam begonnen und dann gesteigert, wenn sich der Fänger eingestellt hat. Nach einer Minute wechseln die Spieler die Positionen.

4. „Füttern“ des Postspielers mit zwei Bällen (Abb. 4):

Übungsziel: Der Postspieler soll lernen, schnell zu reagieren, um die Bälle zu fangen und wieder abzuspielen. Die anderen Spieler üben schnelles und sicheres Passen.

Ausführung: Die Spieler 1 und 2 spielen ihre Bälle nacheinander zu 5. 5 paßt zu 4 bzw. 3 weiter. 4 und 3 spielen *nicht* zu 5, sondern zu 1 bzw. 2. Dadurch werden die Bälle in zwei Dreiecken zwischen 1—5—4 und 2—5—3 gespielt. Abstand zwischen den einzelnen Spielern etwa 4—5 Meter.

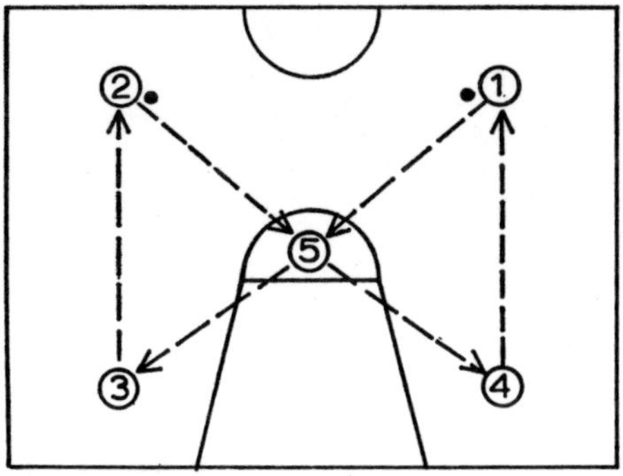

Abbildung 4

5. Zweierlauf (Abb. 5):

Übungsziel: Passen und Fangen in der Bewegung.

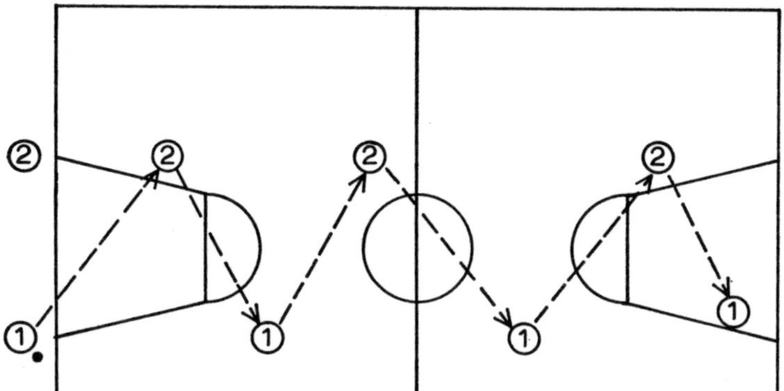

Abbildung 5

Ausführung: Aufstellung in Paaren an der Endlinie. Abstand zwischen den zwei Spielern etwa 5 Meter. Der Ball wird im Lauf bis zum anderen Korb gespielt und darf dabei nicht auf den Boden kommen. Ist das erste Paar in Höhe der Mittellinie, beginnt das nächste Paar usw. Sind alle Paare durch, wird die Übung auf dem Rückweg wiederholt.

Variation: Dieselbe Übungsform kann auch mit Bodenpaß durchgeführt werden.

6. Dreierlauf (Abb. 6):

Übungsziel: Passen und Fangen in der Bewegung.

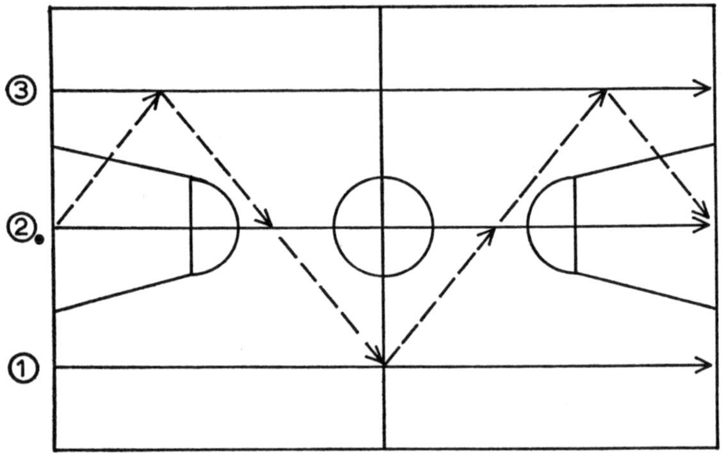

Abbildung 6

Ausführung: Dreiergruppen mit je einem Ball. Abstand zwischen den einzelnen Spielern etwa 4 Meter. Der Ball wird von 2 zu 3 gespielt, von diesem wieder zu 2; 2 spielt dann zu 1, dieser wieder zu 2 usw. Wichtig ist, daß alle Bälle über 2 laufen, das heißt, daß 3 nicht direkt zu 1 spielen darf und umgekehrt.

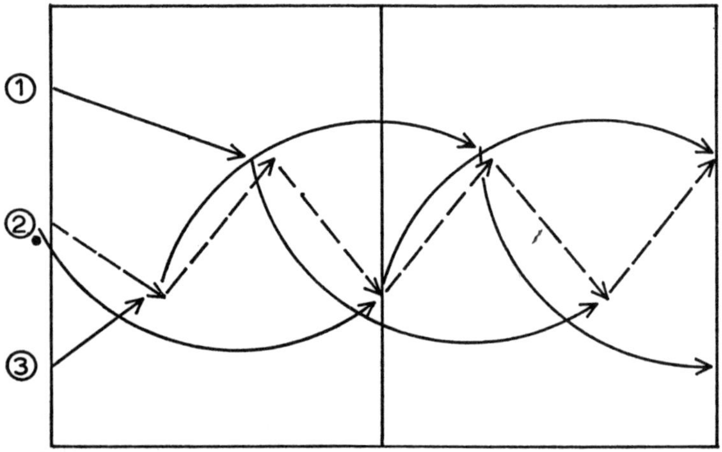

Abbildung 7

7. Achterlauf (Abb. 7):

Übungsziel: Passen und Fangen in der Bewegung. Laufen nach einem vorgegebenen Muster.

Ausführung: Der Mittelmann (2) paßt zu 3 und schneidet hinter dem Paßempfänger (3) vorbei. 3 spielt zu 1 und schneidet hinter 1 vorbei usw. Es entwickelt sich ein zopfartiger Lauf. Wichtig ist, daß der potentielle Ballempfänger einen kurzen Antritt schräg nach vorn macht, um sich anzubieten. Abstand zwischen den einzelnen Spielern ca. 3 Meter.

8. Rechteckpaß (Abb. 8, 9, 10):

Übungsziel: Schnelles Passen. Einschätzen des richtigen Zeitpunkts zum Passen. Annehmen des Balles in der Bewegung. Sofortiges Freilaufen nach erfolgtem Paß.

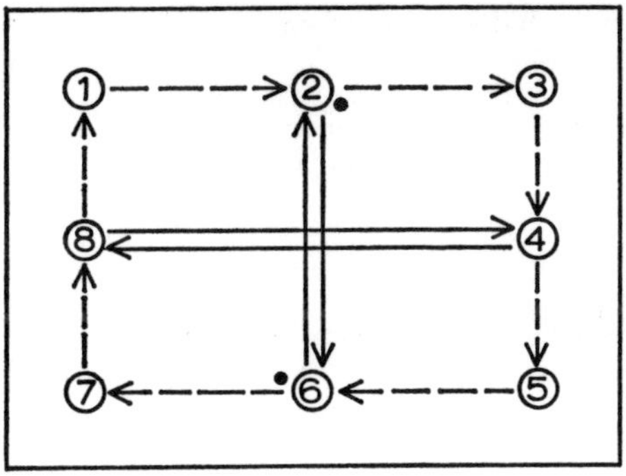

Abbildung 8

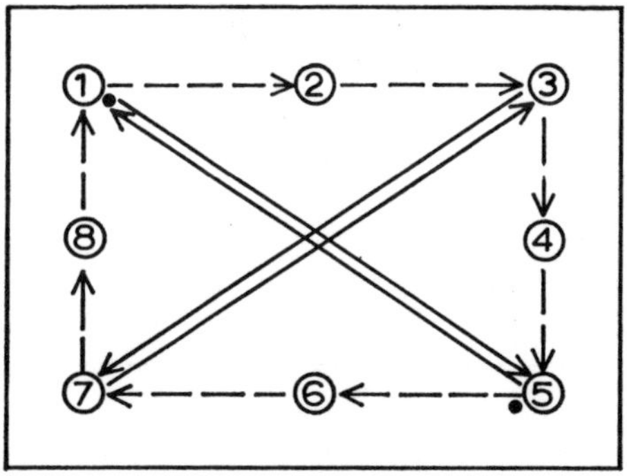

Abbildung 9

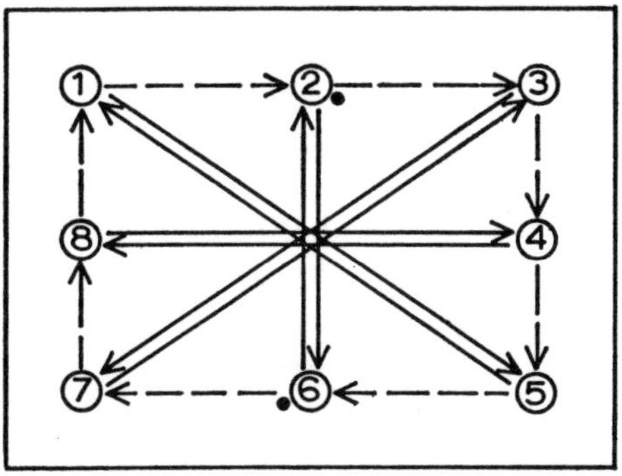

Abbildung 10

a)

Ausführung: 8 Spieler stellen sich in einem Rechteck auf. Abstand jeweils ca. 3—4 Meter. Die Spieler 2 und 6 erhalten je einen Ball. Auf ein Zeichen wandern die Bälle im Uhrzeigersinn von Mann zu Mann. Die Spieler mit geraden Nummern laufen sofort nach ihrem Paß auf die Position ihres Gegenübers. Die Spieler mit ungeraden Nummern bleiben stehen und passen die Bälle nur weiter.

b)

Ausführung: Die Spieler 1 und 5 erhalten je einen Ball. Gleiche Ausführung wie bei a), nur laufen jetzt die Spieler mit ungeraden Nummern, während die Spieler mit geraden Nummern stehen bleiben und die Bälle weitergeben.

c)

Ausführung: Gleiche Ausführung wie bei a), allerdings laufen jetzt alle Spieler sofort nach Passen des Balles auf die gegenüberliegende Position.

9. Übung zum peripheren Sehen (Abb. 11):

Übungsziel: Der Postspieler soll einen möglichst weiten Blickwinkel erhalten.

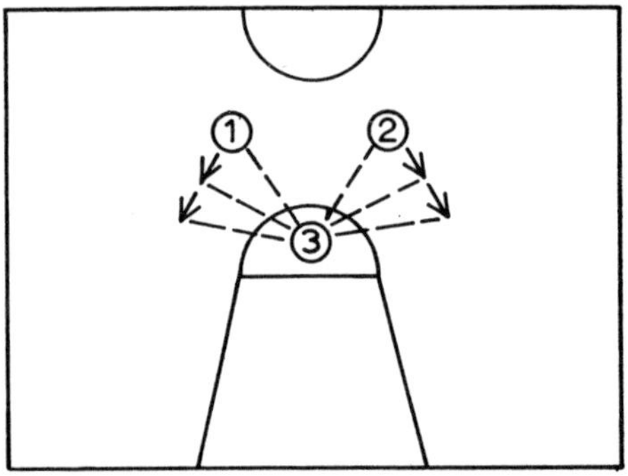

Abbildung 11

Ausführung: 1 und 2 haben je einen Ball. 1 paßt zu 3, der sofort wieder zu 1 zurückspielt. Sowie 3 den Ball von 1 gefangen hat, paßt 2 zu 3 usw. 1 und 2 verändern laufend etwas ihre Positionen.

II. Dribbeln

Hier werden Übungsformen angeboten, welche in verschiedensten Situationen das *Dribbeln* schulen: Dribbeln mit Handwechsel, Dribbelstaffeln, Tempowechsel beim Dribbeln usw. Hauptaugenmerk wird darauf gelegt, daß der Dribbler lernt, den Blick vom Ball zu lösen, um später in der Spielsituation freistehende Mitspieler oder unvermutet auftauchende Gegenspieler besser überblicken zu können. Wesentlich ist auch, daß der Ball beim Dribbeln immer gut durch den eigenen Körper vor dem Zugriff des Gegenspielers abgedeckt ist. Auf dem Foto Nr. 1 (Seite 17) sehen wir

einen Spieler, der den Ball korrekt absichert und nicht auf den Ball schaut. Dadurch hat er die Möglichkeit, die Spielsituation zu beobachten.

1. Rechteck-Dribbeln (Abb. 12):

Übungsziel: Beherrschung des richtigen Dribbelns mit der rechten und linken Hand.

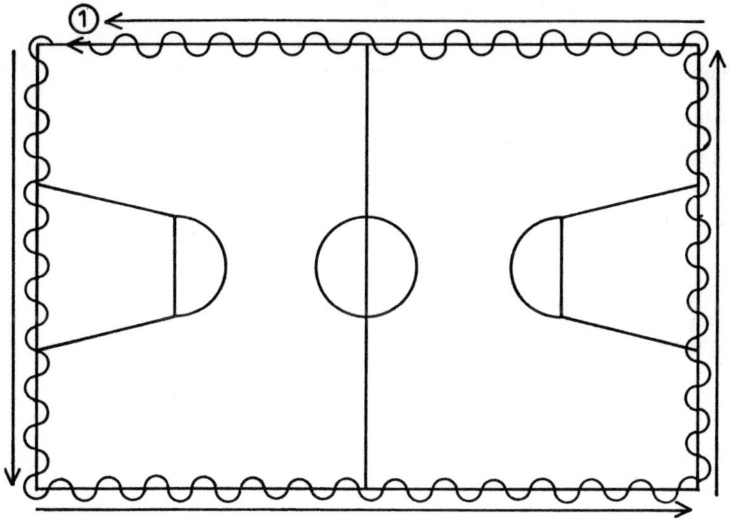

Abbildung 12

Ausführung: Eine Gruppe von Spielern dribbelt nacheinander mit der rechten Hand einmal um die Halle. Anschließend dasselbe mit der linken Hand in der anderen Richtung.

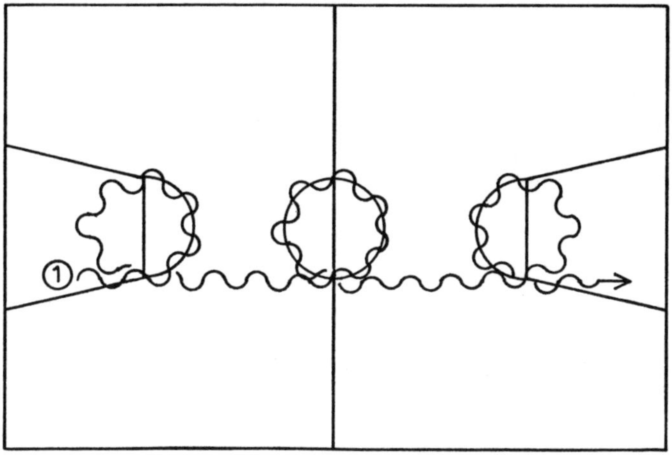

Abbildung 13

2. Kreis-Dribbeln (Abb. 13):

Übungsziel: Das Verhältnis zum Ball in der Drehung soll geschult werden; die Übung wird erst mit der rechten, dann mit der linken Hand ausgeführt.

Ausführung: Eine Gruppe von Spielern dribbelt nacheinander mit der rechten Hand einmal um die kreisförmigen Spielfeldmarkierungen. Das Gesicht ist dabei der Kreismitte zugewandt. Anschließend dasselbe im Uhrzeigersinn mit der linken Hand.

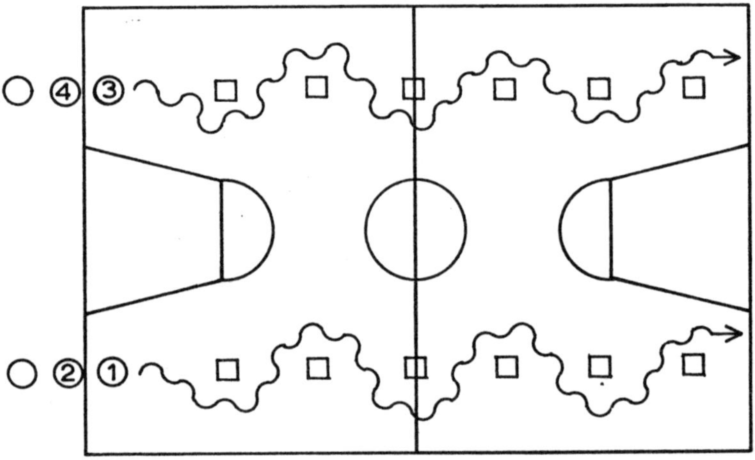

Abbildung 14

3. Slalom-Dribbeln (Abb. 14):

Übungsziel: Dribbeln abwechselnd mit der rechten und linken Hand; Lösen des Blicks vom Ball.

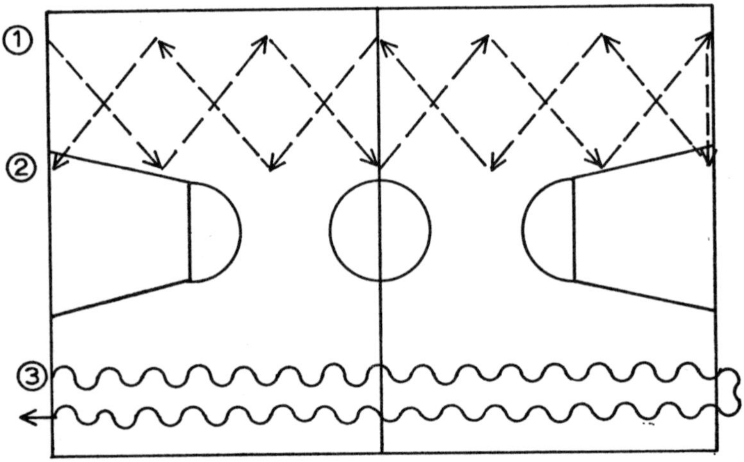

Abbildung 15

Ausführung: Stühle oder Fahnen (wenn beides nicht vorhanden Spieler) zu einem Slalom stellen. Die „Slalomstangen" symbolisieren einen Gegenspieler. Daher muß beim Durchdribbeln der Ball jeweils von der rechten auf die linke Hand gewechselt werden, um ihn mit dem Körper abzudecken. Diese Übungsform kann in Wettkampf- und Staffelform durchgeführt werden.

4. Dribbeln gegen Passen (Abb. 15):

Übungsziel: Schnelles Passen und Dribbeln in der Bewegung.

Ausführung: Die Spieler 1 und 2 eilen im Zweierpaß durch die Halle und zurück; 3 dribbelt die gleiche Strecke. Wer ist schneller? Die Spieler wechseln die Positionen, bis jeder einmal gedribbelt hat.

5. Dribbel-Staffel (Abb. 16):

Übungsziel: Schnelles Dribbeln mit der rechten und linken Hand.

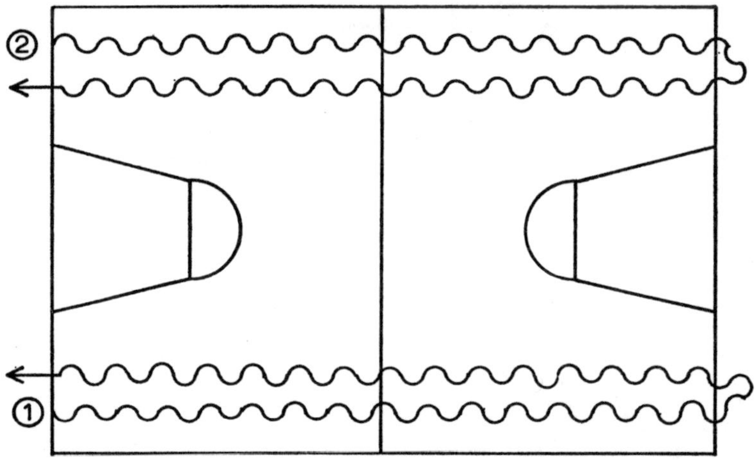

Abbildung 16

Ausführung: Die Spieler werden in zwei gleich große Gruppen unterteilt. Die ersten jeder Gruppe dribbeln durch die Halle (mit der rechten Hand) und zurück (mit der linken Hand). Der Ball muß hinter der Linie an den nächsten Spieler übergeben werden. Variation: Der Hinweg wird durch Rückwärtsdribbeln zurückgelegt (mit Rücken zum gegenüberliegenden Korb), um ein Gefühl für den Ball zu bekommen. Der Rückweg wird mit einem Dribbling mit der schlechteren Hand bewältigt.

6. Abschlag-Dribbeln (Abb. 17):

Übungsziel: Abdecken des Balles durch den eigenen Körper. Lösen des Blicks vom Ball und Überblicken der jeweiligen Situation.

Ausführung: Möglichst viele Spieler mit je einem Ball in einer Spielhälfte versammeln. Alle dribbeln gleichzeitig und versuchen, sich gegenseitig die Bälle wegzuschlagen, ohne dabei das eigene Dribbling zu unterbrechen. Wessen Ball weggeschlagen wird, scheidet aus. Mit der sich verringernden Zahl der noch im Spiel befindlichen Spieler wird auch das Spielfeld verkleinert. Bei Ballmangel können auch Gymnastikbälle verwendet werden.

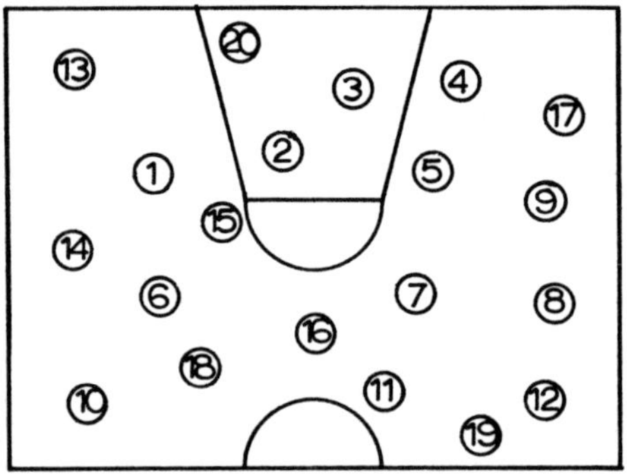

Abbildung 17

7. Abschlagen des Gegners (Abb. 18):

Übungsziel: Dribbeln mit Handwechsel; Tempowechsel beim Dribbeln; Lösen des Blicks vom Ball, um später freistehende Mitspieler oder unvermutet auftauchende Gegenspieler überblicken zu können.

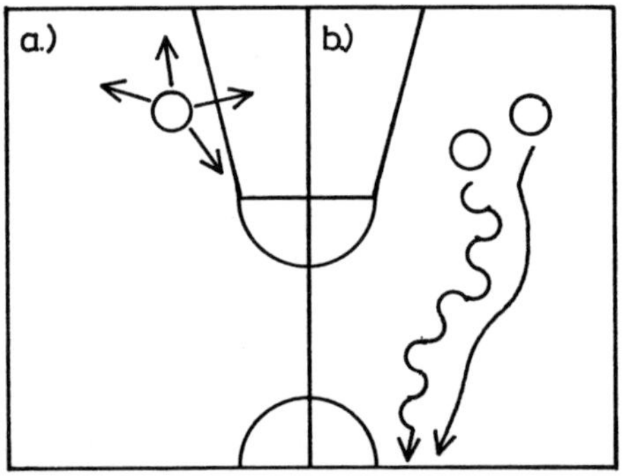

Abbildung 18

Ausführung: Das Spielfeld wird in mehrere beliebig große, jedoch nicht zu große Felder eingeteilt (je nach vorhandenen Hallenmarkierungen). Ein Dribbler muß nun einen Gegenspieler, der ohne Ball ist, abschlagen. Er darf dabei sein Dribbling nicht unterbrechen, muß also immer in Ballkontrolle bleiben. Sein Gegenspieler darf innerhalb des Feldes weglaufen und ausweichen. Nach erfolgreichem Abschlagen werden die Rollen getauscht, ebenso nach längerem erfolglosem Bemühen.

8. Überkreuz-Dribbeln (Abb. 19)

Übungsziel: Sicheres Dribbeln; Tempowechsel und Lösen des Blicks vom Ball.

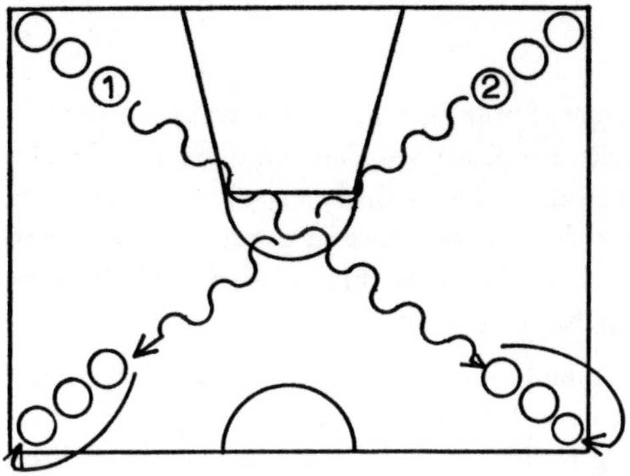

Abbildung 19

Ausführung: Die Spieler in vier Gruppen in den vier Ecken einer Spielfeldhälfte aufstellen. 1 und 2 haben je einen Ball und dribbeln auf ein Zeichen gleichmäßig diagonal zur anderen Gruppe. Dort übergeben sie den Ball an den jeweils vordersten Spieler, die auf ein Zeichen in umgekehrter Richtung dribbeln usw. Beide Dribbler müssen darauf achten, am Schnittpunkt nicht aufeinanderzuprallen; sie müssen also ihr Dribbling entweder beschleunigen, verlangsamen oder sich gegenseitig ausweichen. Zur Erschwerung der Aufgabe kann am Schnittpunkt noch ein Stuhl aufgestellt werden.

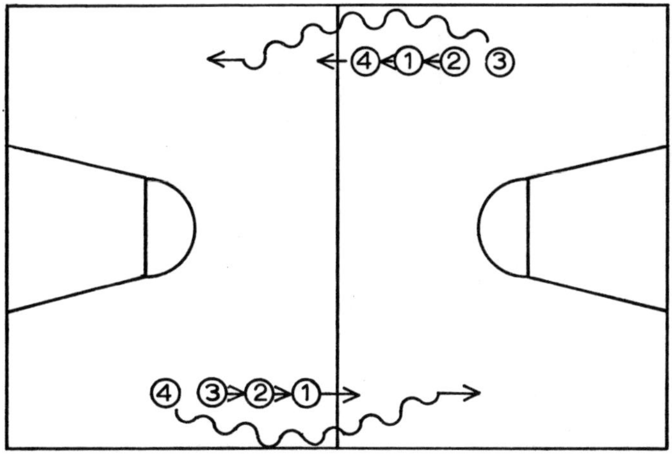

Abbildung 20

9. Dribbling „Wind-Sprints“ (Abb. 20):

Übungsziel: Tempowechsel beim Dribbling. Kondition.

Ausführung: Die Spieler in Vierergruppen einteilen. Jeder Dribbler hat einen Ball. Der jeweils letzte Spieler übersprintet die Gruppe, ohne dabei sein Dribbling zu unterbrechen.

III. Werfen

Hier werden Übungsformen zum *Korbleger, Sprungwurf* und *Freiwurf* dargestellt. Der Korbleger, das heißt der Wurf direkt am Korb aus dem Lauf oder Dribbeln, ist eine der häufigsten Wurfarten im Basketball. Der Korbleger sollte aus den verschiedensten Ausgangsstellungen geübt werden; Augenmerk ist darauf zu legen, daß er mit der rechten und linken Hand beherrscht wird. Hakenwurf und ähnliche Würfe leiten sich im Prinzip von diesem Korbleger ab.

Neben dem Korbleger ist im modernen Basketball der Sprungwurf zur beherrschenden Wurfart geworden. Hier ist zu beachten, daß der Sprungwurf möglichst spielnahe geübt wird. Viel zu wenig Beachtung findet im allgemeinen das Üben des Freiwurfs. Dabei ist festzustellen, daß ein Spiel zwischen ausgeglichenen Mannschaften meist durch die Zahl der verwandelten Freiwürfe entschieden wird.

Foto Nr. 2 (Seite 18) zeigt einen Spieler beim Korbleger von rechts. Der Spieler ist mit dem linken Bein abgesprungen und wirft mit der rechten Hand.

Foto Nr. 3 (Seite 27) stellt einen Spieler (Nr. 9) beim Sprungwurf dar. Die Abwehraktion des Verteidigers kommt zu spät.

Foto Nr. 4 (Seite 28) zeigt den ersten von zwei Freiwürfen in einem Wettspiel.

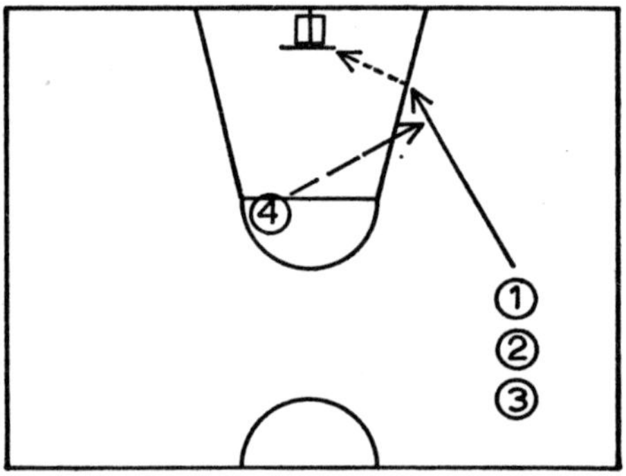

Abbildung 21

Foto Nr. 5 (Seite 37) hält die Aktion eines Hakenwurfes fest, der meist dann geworfen wird, wenn der Spieler parallel zum Brett an den Korb herangekommen ist.

Foto Nr. 6 (Seite 38) zeigt einen Spieler bei einem schwierigen Drehwurf. Dieser Wurf wird im allgemeinen geworfen, wenn der Spieler direkt unter dem Korb mit dem Rücken zum Brett den Ball erhält oder selbst in diese Position gelaufen ist.

1. Hohes Springen beim Korbleger (Abb. 21):

Übungsziel: Das Anlauftempo soll in Höhe umgesetzt werden, um einen sicheren Wurf zu gewährleisten.

Ausführung: Ein Stuhl wird direkt unter das Brett gestellt. 1 läuft an, erhält den Ball von 4 zugespielt und wirft auf den Korb. Um eine Kollision mit dem Stuhl zu vermeiden, wird 1 versuchen, in die Höhe zu springen statt nach vorn. 4 holt den geworfenen Ball und spielt an 2 usw.

Variation: Mit erhöhtem Tempo des Werfenden wird der Stuhl um etwa einen Meter zurückgenommen. Anschließend wird die Übungsform von der linken Seite ausgeführt.

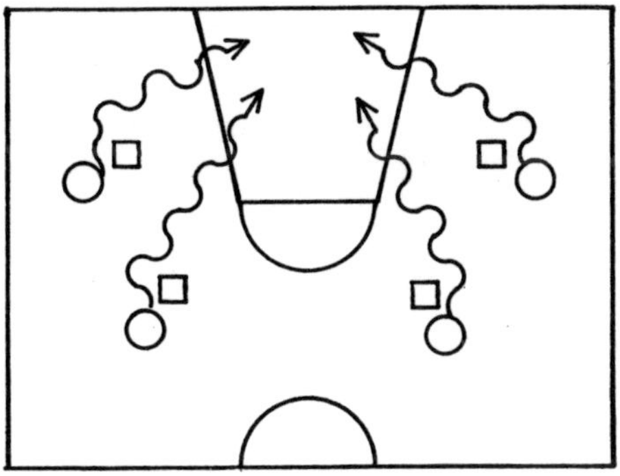

Abbildung 22

2. Korbleger mit Antäuschen (Abb. 22):

Übungsziel: Durch das Antäuschen soll ein Verteidiger zu einer falschen Reaktion verleitet oder aus dem Gleichgewicht gebracht werden.

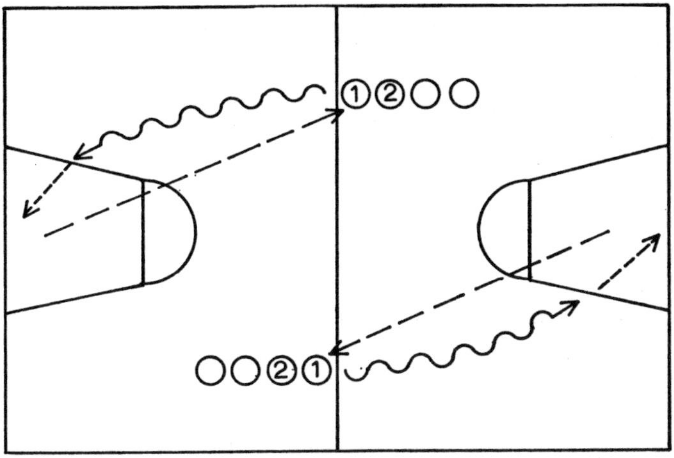

Abbildung 23

Ausführung: Stühle oder sich passiv verhaltende Verteidiger werden vor die Angriffsspieler gestellt. Nach einer Täuschbewegung zu einer Seite gehen die Spieler an der anderen Seite vorbei, dribbeln zum Korb und werfen einen Korbleger.

3. Korblegerstaffel (Abb. 23):

Übungsziel: Sicherer Korbwurf schon beim ersten Versuch.

Ausführung: Zwei zahlenmäßig gleich große Gruppen mit je einem Ball. Sie spielen auf verschiedene Körbe. Auf ein Zeichen dribbelt der erste Spieler jeder Gruppe zu seinem Korb und wirft einen Korbleger. Er muß solange werfen, bis er trifft. Erst dann paßt er zu dem nächsten Spieler seiner Gruppe usw.

Variation: Korbleger links mit der linken Hand.

4. Korbleger mit Behinderung (Abb. 24):

Übungsziel: Sicherer Korbwurf bei leichter Behinderung, die von den Schiedsrichtern vielleicht noch nicht als Regelwidrigkeit geahndet wird.

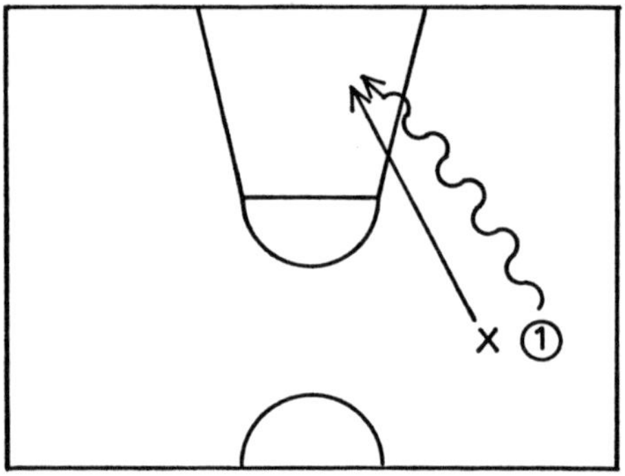

Abbildung 24

Ausführung: 1 dribbelt zum Korb; x läuft mit ihm auf gleicher Höhe und drängt den Werfer (1) kurz vor dem Korb durch ein Schulterdrücken (mit angelegtem Arm) leicht ab. Der Werfer muß versuchen, trotz dieser Behinderung zum Erfolg zu kommen.

5. Korbleger aus dem Anspiel (Abb. 25):

Übungsziel: Passen aus dem Dribbling. Freilaufen mit Täuschung. Fangen des Balles aus der Bewegung mit anschließendem Korbleger.

Ausführung: Zwei Spieler (1 und 2) nehmen mit Rücken zum Korb an der Freiwurflinie Aufstellung. Spieler 3 und 4 haben je einen Ball. Beide dribbeln ein paar Schritte, spielen dann zu 1 bzw. 2, täuschen nach innen an und laufen außen an den Ballbesitzern vorbei. Sie erhalten den Ball wieder und schließen mit Korbleger ab. 1 und 2 holen die Bälle und passen zu 5 bzw. 6; sodann nehmen sie wieder an der

9
15

Freiwurflinie Aufstellung. Die Übungsform geht mit 5 und 6 weiter. Wer von links warf, schließt sich der rechten Gruppe an und umgekehrt.

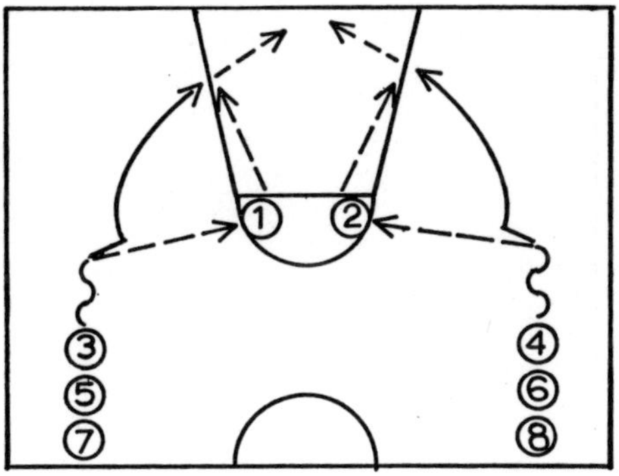

Abbildung 25

6. Korbleger fortlaufend (Abb. 26):

Übungsziel: Üben des Korblegers bei leichter körperlicher Belastung.

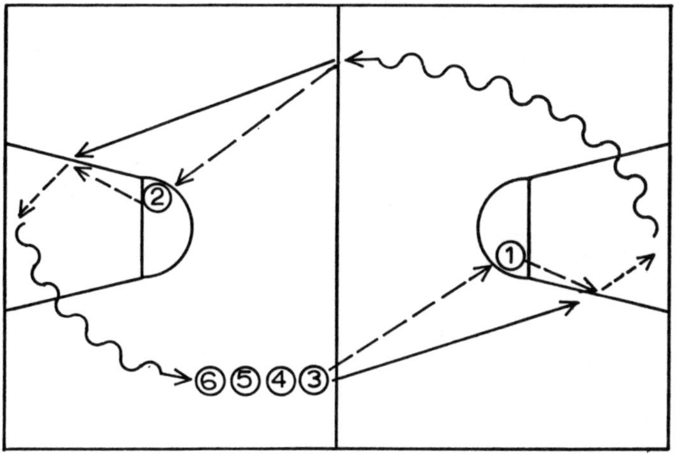

Abbildung 26

Ausführung: Die Spieler 1 und 2 nehmen mit Rücken zum Korb an den beiden Freiwurflinien Aufstellung. 3 paßt zu 1, läuft zum Korb, erhält von 1 wieder den Ball, wirft einen Korbleger, holt seinen Ball, dribbelt auf der anderen Seite bis zur Mittellinie und paßt zu 2 usw. Diese Übung wird von den anderen Spielern der Gruppe in gleicher Weise durchgeführt. Übungsdauer etwa 6 Minuten.

Variation: 1 und 2 stellen sich auf der anderen Seite der Freiwurflinie auf; die Übung verläuft nun im Uhrzeigersinn (Korbleger mit der linken Hand).

7. Durchziehen mit Sprungwurf (Abb. 27):

Übungsziel: Der Werfer soll lernen, sich durch Dribbling in eine bessere Wurfsituation zu bringen.

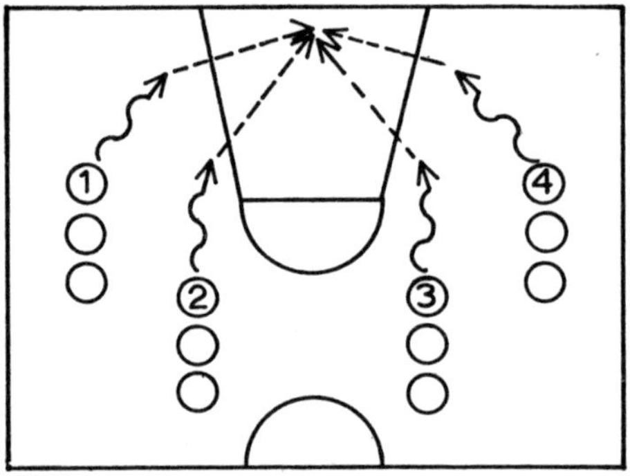

Abbildung 27

Ausführung: Die Spieler werden in vier Gruppen unterteilt. Die vordersten Spieler jeder Gruppe dribbeln ein paar Schritte nach vorn oder zur Seite und werfen einen Sprungwurf. Die Werfer holen ihren Ball und passen zu ihrer Gruppe zurück. Während die nächsten werfen, schließen sie sich wieder hinten an.

8. Sprungwurf vor Hindernis (Abb. 28):

Übungsziel: Es soll verhindert werden, daß der Werfer nach dem Wurf nach vorn fällt und so ein Offensivfoul verübt. Der Werfer sollte etwa an der Stelle herunterkommen, an der er abgesprungen ist.

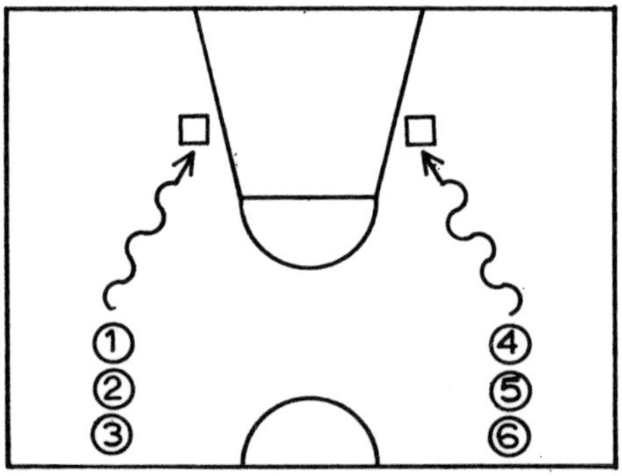

Abbildung 28

Ausführung: Vor jeder Gruppe wird ein Stuhl aufgestellt. Die beiden vorderen Spieler der Gruppen dribbeln auf „ihren" Stuhl zu, stoppen unmittelbar davor ab und werfen einen Sprungwurf, ohne den Stuhl zu berühren. Statt Stühle können auch sich passiv verhaltende Verteidiger die Aufgabe der Hindernisse übernehmen.

9. Sprungwurf oder Korbleger (Abb. 29):

Übungsziel: Der Werfer soll erkennen, ob ein Korbleger oder ein Sprungwurf vorzuziehen ist.

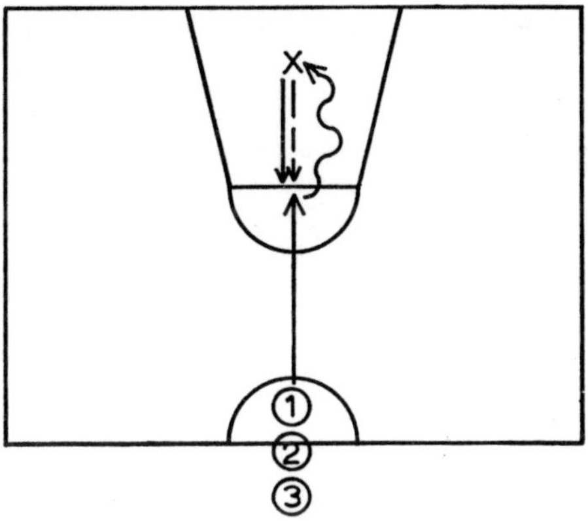

Abbildung 29

Ausführung: x hat unter dem Korb den Ball. 1 läuft schnell zur Freiwurflinie, wo er von x den Ball zugespielt bekommt. x läuft dann geradlinig seinem Paß hinterher. Geschieht dies langsam, wirft 1 einen Sprungwurf von der Freiwurflinie; kommt x schnell, ist es für 1 leicht, links oder rechts vorbeizugehen und einen Korbleger zu werfen. x holt den Ball und paßt zu 2 usw. Wichtig ist, daß x geradlinig herauskommt, um Verletzungen des Angreifers zu vermeiden.

10. Sprungwurf aus dem Durchziehen (Abb. 30):

Übungsziel: Der Werfer soll lernen, das Durchziehen zum Korb abzubrechen, wenn es keinen Erfolg verspricht. Statt dessen soll er dann einen Sprungwurf werfen.

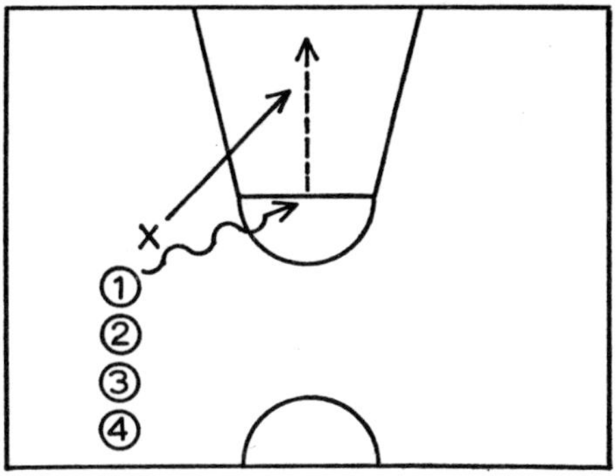

Abbildung 30

Ausführung: Spieler 1 täuscht nach links an und zieht rechts durch. Der Verteidiger soll durch Zurücksinken ein Durchziehen erschweren. 1 stoppt etwa an der Freiwurflinie ab und wirft einen Sprungwurf. Der Ball wird von x an 2 gespielt usw. Die Übung kann von verschiedenen Positionen ausgeführt werden.

11. 21er Spiel (Abb. 31):

Übungsziel: Schnelles Hochgehen zum Werfen. Nachgehen zum Rebound. Passen zum Mitspieler. Konzentration bei jedem Wurf.

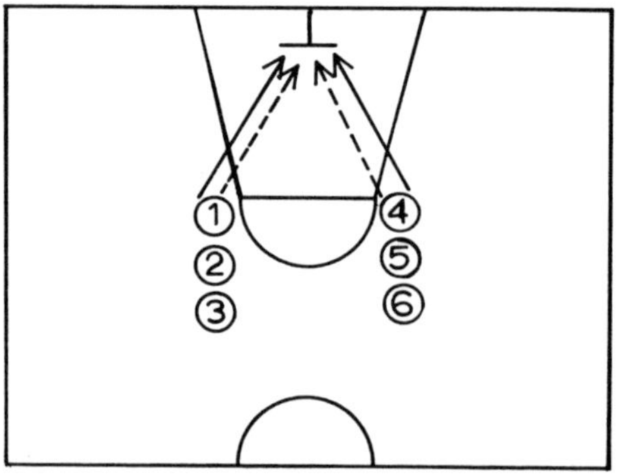

Abbildung 31

Ausführung: An jedem Korb zwei zahlenmäßig gleich große Gruppen einteilen. Jede Gruppe benutzt einen Ball. Der erste jeder Gruppe wirft einen Sprungwurf, holt seinen Ball und paßt ihn sofort zum nächsten seiner Gruppe usw. Jeder erzielte Korb zählt einen Punkt. Die Gruppe, die zuerst 21 erreicht, ist Sieger. Das Spiel kann von den verschiedensten Positionen gespielt werden.

12 „Um die Welt" (Abb. 32):

Übungsziel: Sicherer Wurf von verschiedenen Positionen. Konzentration bei jedem Wurf.

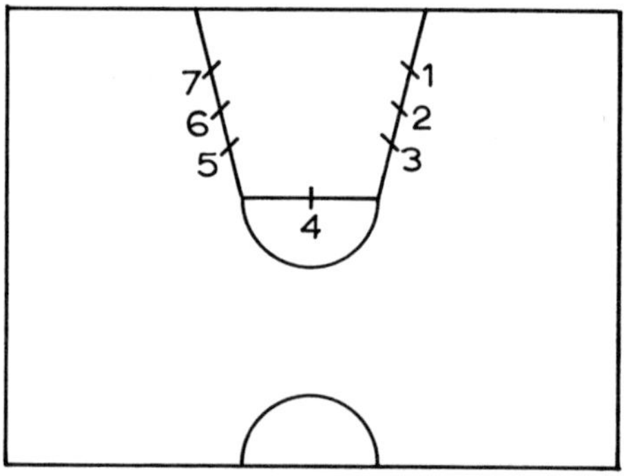

Abbildung 32

Ausführung: Der erste Spieler einer Gruppe wirft von Position 1. Trifft er, so wirft er von 2, 3 usw. Sobald er nicht mehr trifft, kommt der nächste der Gruppe zum Wurf usw. Ist der erste Spieler wieder an der Reihe, beginnt er bei der Position, von der er nicht mehr getroffen hatte und schreitet fort, solange er trifft. Wer zuerst durch ist, hat gewonnen.

Variation: Vergibt ein Werfer seine erste Chance an einer Position, so kann er wählen, ob er aussetzt, bis er wieder an der Reihe ist, oder ob er einen zweiten Versuch von derselben Position wagen will. Bei einem zweiten Versuch gilt: bei Erfolg weiter zur nächsten Position; bei Mißerfolg zurück zu Position 1 und warten, bis er wieder an die Reihe kommt.

13. Sprungwurf über die Deckung (Abb. 33):

Übungsziel: Ausnutzen eines kurzen Augenblicks des Freistehens zu einem Sprungwurf bei herannahender Deckung.

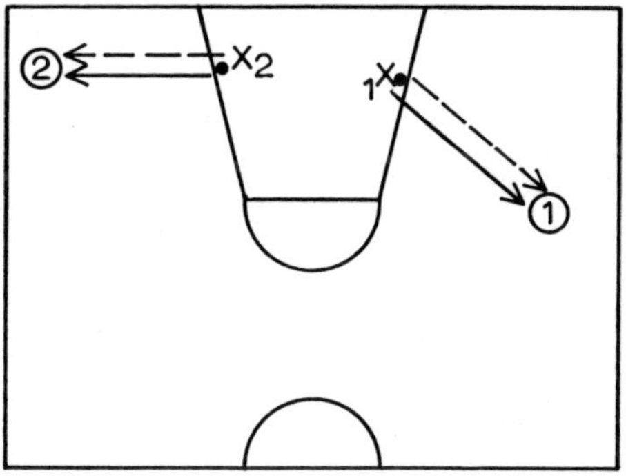

Abbildung 33

Ausführung: x_1 paßt zu 1, läuft seinem Paß hinterher und versucht, den Sprungwurf zu 1 zu verhindern. 1 hat gerade genug Zeit, den Ball zu fangen und zu werfen. x_1 holt den Ball, spielt wieder zu 1, der wiederum wirft. Nach 10 Würfen tauschen x_1 und 1 die Rollen. Auf der anderen Seite tun x_2 und 2 dasselbe. Nach anfänglich relativ passiver Verteidigung werden x_1 und x_2 allmählich immer aggressiver, das heißt, sie kommen schneller heraus.

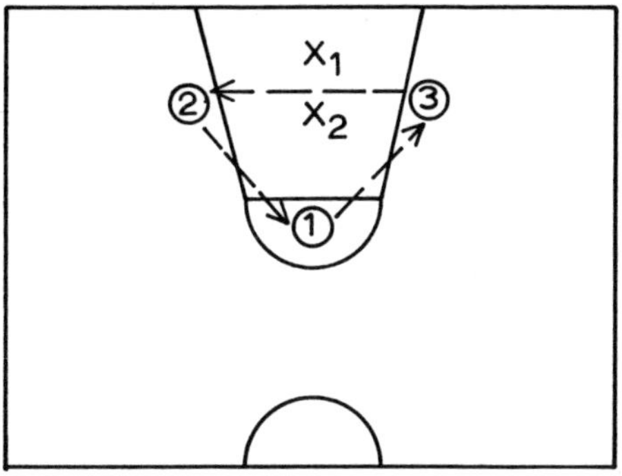

Abbildung 34

14. Drei gegen zwei. Statisch (Abb. 34):

Übungsziel: Schnelles Passen, bis ein Spieler so freisteht, daß er einen sicheren Wurf ansetzen kann.

Ausführung: Spieler 1, 2 und 3 passen sich schnell zu, wobei jeweils einer der Verteidiger den Ballbesitzer angreift. Durch schnelles Passen versuchen 1, 2 und 3 die Verteidigung schließlich auszuspielen, so daß einer der Angreifer ziemlich ungehindert werfen kann.

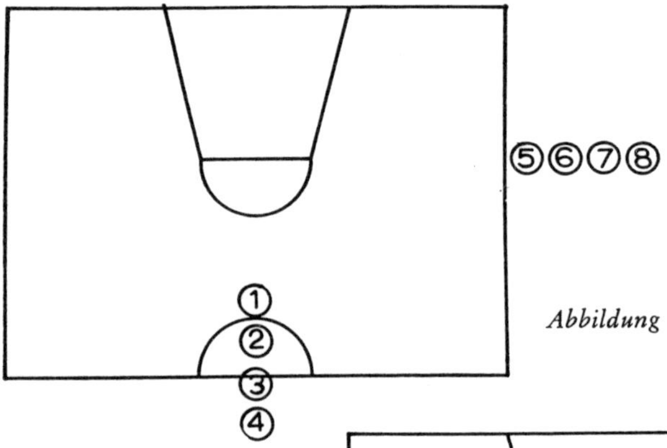

Abbildung 35

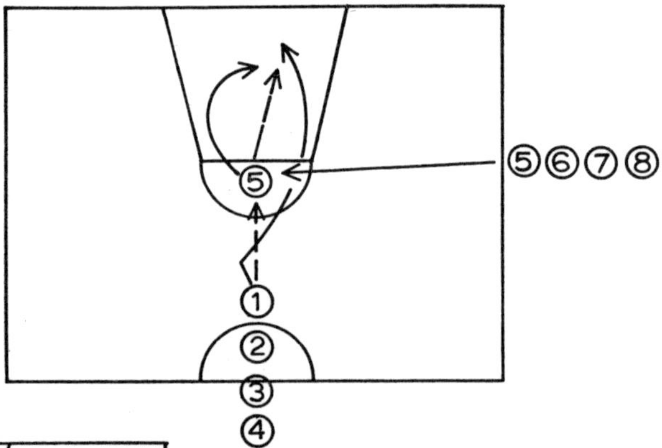

Abbildung 36

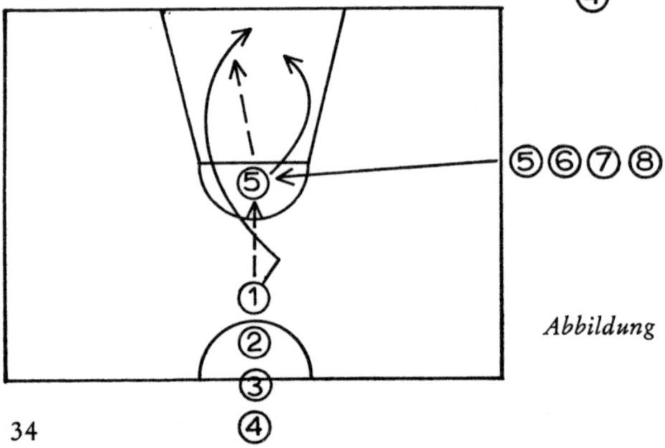

Abbildung 37

15. Komplexe Wurfübung (Abb. 35—42):

Übungsziel: Diese Übungsform schult, leicht abgewandelt, verschiedene Aufgaben und enthält die meisten Wurfarten.

a) Grundschema:

b)

Ausführung: 1 paßt zu 5, der mit Gesicht zur Mittellinie auf die Freiwurflinie gelaufen ist; 1 läuft sodann rechts an 5 vorbei, erhält den Ball von 5 zugespielt

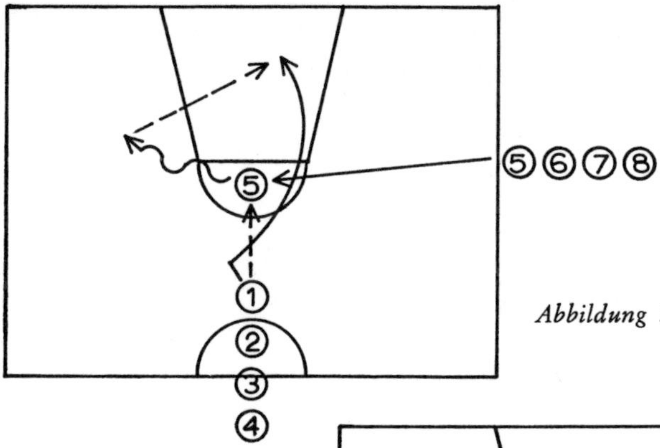

Abbildung 38

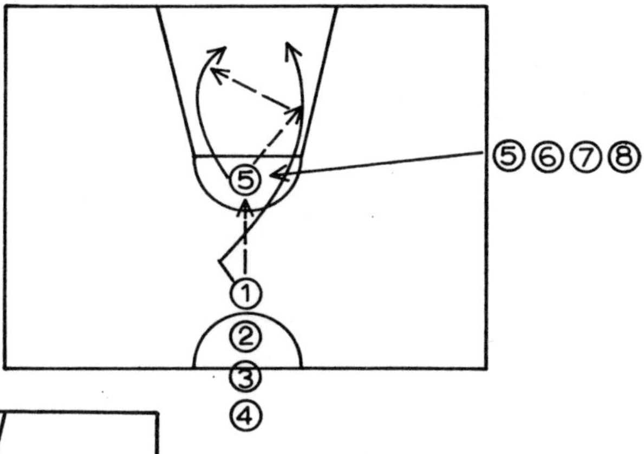

Abbildung 39

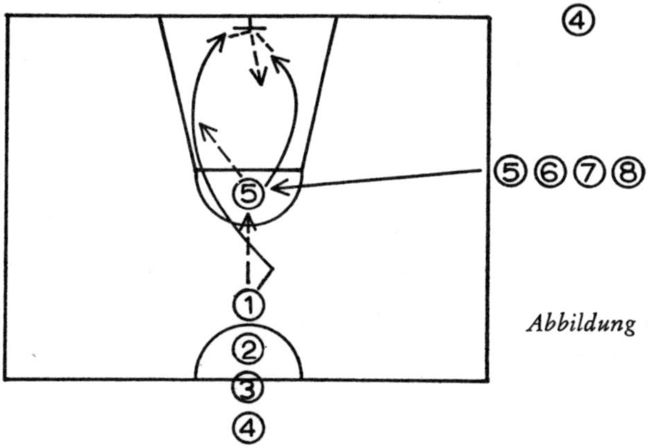

Abbildung 40

und führt einen Korbleger aus. 5 holt den Ball und spielt ihn zu 2; 1 und 5 schließen sich an den bisher anderen Teil der Gruppe an. 2 und 6 wiederholen sofort die Handlung von 1 und 5 usw. Wichtig ist, daß jedes Paar nur einen Wurf ausführt, und daß der Ball schnell zum nächsten Paar gelangt. An jedem Korb wird nur ein Ball benötigt. Übungsdauer: jeder Teilnehmer soll pro Übungsform 5 mal auf den Korb werfen.

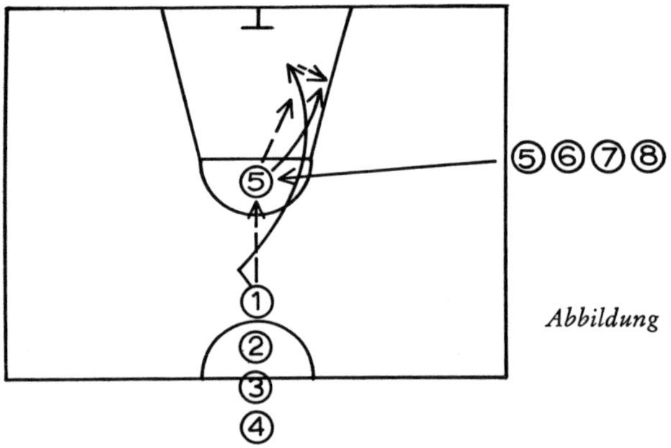

Abbildung 41

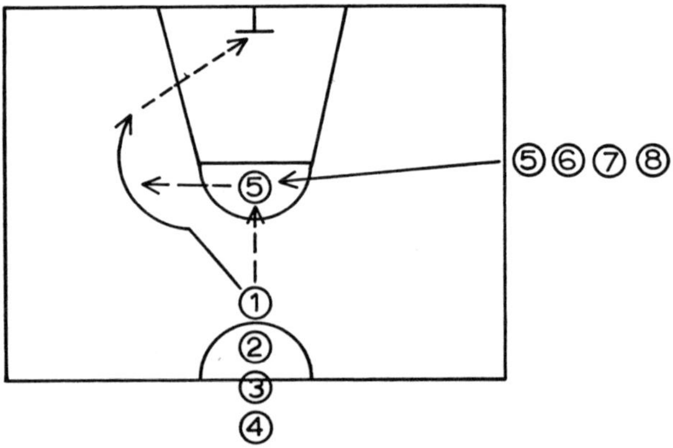

Abbildung 42

c)

Ausführung: Dieselbe Übungsform, nur läuft 1 links an 5 vorbei und führt den Korbleger mit der linken Hand aus.

d)

Ausführung: 1 paßt zu 5 und läuft rechts an 5 vorbei zum Korb; 5 dribbelt nach links, paßt dann zu 1, der einen Korbleger wirft. 5 holt den Ball und paßt zu 2.

e)

Ausführung: 1 paßt zu 5 und läuft rechts an 5 vorbei zum Korb. 5 paßt zu 1 und dreht nach links ab zum Korb. 1 paßt zu 5, der einen Korbleger mit der linken Hand wirft. 1 holt den Ball und paßt zu 2.

f)
Ausführung: 1 paßt zu 5 und läuft links an 5 vorbei zum Korb. 5 paßt zu 1 und dreht nach rechts zum Korb ab. 1 wirft über den Korb ans Brett, 5 fängt den Ball und wirft auf den Korb. 1 holt den Ball und paßt zu 2.

g)
Ausführung: 1 paßt zu 5 und läuft rechts an 5 vorbei zum Korb. 5 paßt zu 1 und läuft hinter 1 her. 1 paßt kurz vor dem Korb über den Kopf nach hinten für 5. 5 wirft, 1 holt den Ball und paßt zu 2.

h)
Ausführung: 1 paßt zu 5 und läuft in dessen Nähe; 5 paßt zu 1, der einen Sprungwurf ausführt. 5 holt den Ball und paßt zu 2.

16. Freiwurf (Einzel- und Mannschaftswettbewerb) (Abb. 43):

Übungsziel: Spielnahes Üben der Freiwürfe, wobei jeder Fehlwurf der eigenen Mannschaft schadet.

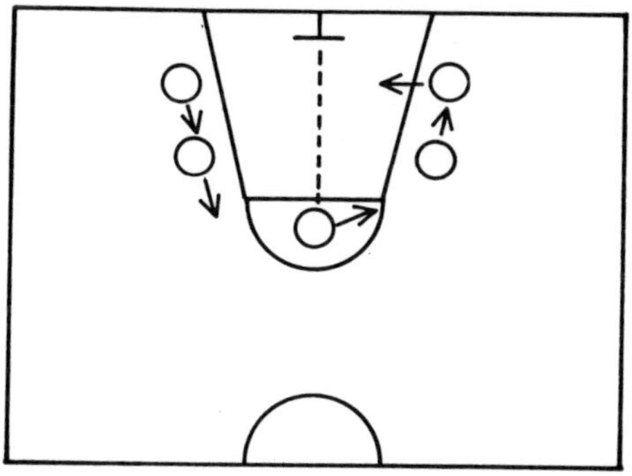

Abbildung 43

Ausführung: Je fünf Spieler nehmen Aufstellung an je einem Korb. Jeder Spieler wirft zwei Freiwürfe (pro Runde können maximal 10 Punkte erzielt werden). Sieger ist die Gruppe mit den meisten Punkten pro Runde.

Variation: Jeder Spieler zählt seine eigenen erforderlichen Freiwürfe je Runde. Hat er insgesamt 10 erfolgreiche Würfe, kann er aufhören. Die restlichen Spieler der Gruppe werfen solange, bis sie ihrerseits 10 erfolgreiche Würfe aufzuweisen haben. Sieger ist die Gruppe, die zuerst fertig ist.

17. Freiwurf „vor dem Duschen" (Abb. 44):

Übungsziel: Der Spieler soll lernen, „den" entscheidenden Freiwurf zu treffen.
Ausführung: Am Ende des Trainings wirft jeder Spieler „den" entscheidenden Freiwurf. Bei Erfolg kann er duschen gehen; bei Mißerfolg läuft er eine Hallenrunde und schließt sich hinten an. Er muß erneut werfen, bis er trifft.

Variation: Die Zahl kann je nach Mannschaftsebene auf zwei oder mehr erfolgreiche Würfe hintereinander erhöht werden.

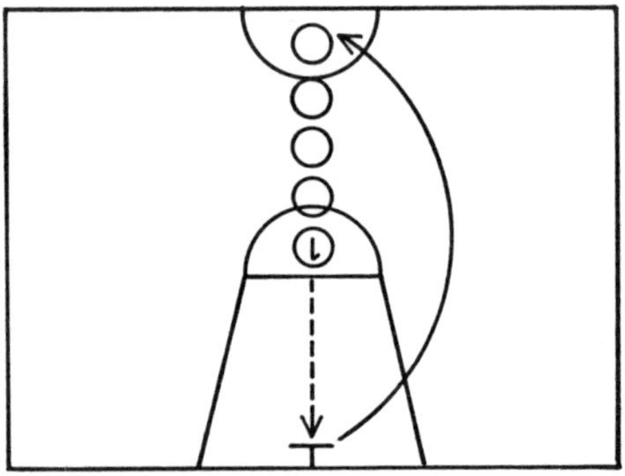

Abbildung 44

18. Freiwurf (Mannschaftskampf) (Abb. 45):

Freiwurf und Rebound werden geschult.

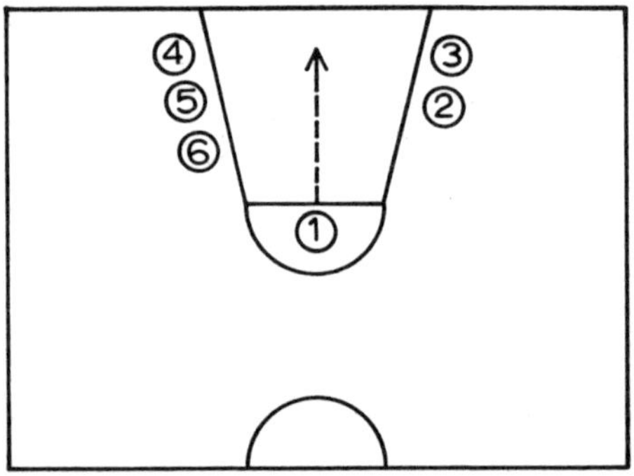

Abbildung 45

Ausführung: Die Spieler mit ungeraden Nummern bilden eine Mannschaft, die Spieler mit geraden Nummern die andere. 1 wirft einen Freiwurf. Bei Erfolg: ein weiterer Wurf; bei Erfolg des zweiten Wurfs Rotation im Gegenuhrzeigersinn. Bei Mißerfolg des ersten Wurfes versuchen beide Mannschaften, den Ball zu erhalten. Die Angreifer (in diesem Fall die Spieler mit ungeraden Nummern) versuchen, einen Korb zu erzielen. Die Verteidiger versuchen ihrerseits, den Ball zu erhalten, um einen Korb der Angreifer zu verhindern. Jede Mannschaft bleibt solange im Ballbesitz, wie sie erfolgreich ist, ansonsten wirft die andere Mannschaft Freiwürfe. Jeder Korb (ob Freiwurf oder aus dem Rebound) zählt ein Punkt. Sieger ist die Mannschaft, die zuerst 21 Punkte erzielt hat.

19. Freiwurf mit Ablenkmanöver (Abb. 46):

Übungsziel: Der Freiwerfer soll lernen, trotz akkustischer und optischer Ablenkungsmanöver zu treffen.

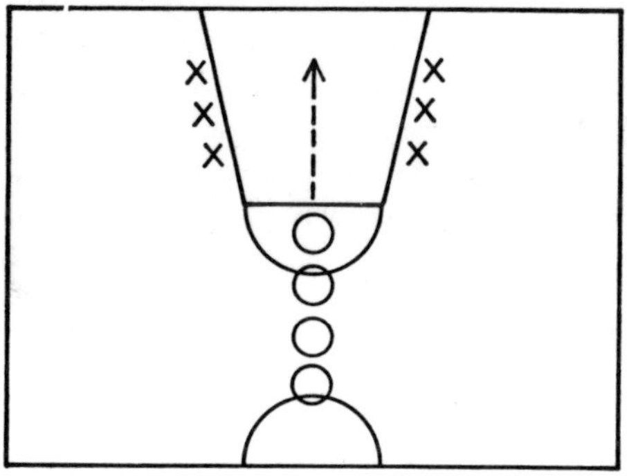

Abbildung 46

Ausführung: Jeder Spieler wirft eine bestimmte Zahl von Freiwürfen; die am Freiwurfraum aufgestellten Spieler dürfen ihn durch Zurufe oder Armbewegungen stören, jedoch nicht berühren. Variationen: Einblenden von Geräuschen einer Zuschauerkulisse (Tonband) während der Konzentration; Plötzliches Ausschalten dieser Geräuschkulisse und völlige Stille beim Wurf.

20. Freiwurf unter Belastung:

Übungsziel: Der Freiwerfer soll lernen, unmittelbar nach vorausgegangener körperlicher Belastung sicher zu werfen.

Ausführung: Direkt nach einer körperlichen Belastung (Sprints, Reboundübung, Schnellangriffübung usw.) wirft der Spieler zwei Freiwürfe, noch bevor er sich erholt hat. Dadurch wird die Spielsituation simuliert.

IV. Rebound.

Unter *Rebound* verstehen wir einen vom Korb oder Brett abprallenden Ball, der entweder von der angreifenden oder verteidigenden Partei gefangen wird. Der Beherrschung des Rebound kommt im modernen Basketballspiel große Bedeutung zu. Gelingt es der angreifenden Mannschaft, den Ball nach einem Fehlwurf wieder zu erobern, so hat sie eine weitere Wurfchance. Erspringt sich dagegen die verteidigende Mannschaft den Ball, so kann sie ihrerseits durch einen schnellen Gegenangriff oder andere taktische Maßnahmen zum Erfolg kommen. Die verbreitete Meinung, daß nur ausgesprochen große Spieler eine gute Reboundchance haben, ist in dieser Form nicht richtig. Geschicktes Stellungsspiel und ein Gefühl für die Richtung des abprallenden Balles ersetzen oft mehrere Zentimeter an Körpergröße. Die nachfolgenden Übungsformen zum Rebound wurden bewußt in das Kapitel über die Offensive genommen, da sich auch aus der Beherrschung des Defensivrebounds ein weites taktisches Feld für den Angriff öffnet.

Auf Foto Nr. 7 (Seite 47) tippt ein Spieler den Ball im Sprung auf den Korb. Er hat den vom Korb zurückspringenden Ball nicht erst gefangen, sondern nützt seine unbehinderte Stellung zum sofortigen Tippen des Balles aus. Foto Nr. 8 (Seite 48) zeigt einen Reboundversuch des Spielers mit der Nr. 12. Er hat die Innenposition und kann daher den Ball erspringen, obwohl sein Gegenspieler (Nr. 8) höher springt. Auf Foto Nr. 9 (Seite 57) erobert sich der Spieler (Nr. 13) einen weit zurückspringenden Ball. Foto Nr. 10 (Seite 58) zeigt eine Reboundszene, bei der gleich drei Spieler den Ball zu erspringen suchen. Diese Szene ergibt sich etwa bei Übungsform C, 2 Seite 69. Man beachte wie der Spieler im weißen Trikot (Nr. 13) bereits von seinem Gegenspieler abgedrängt ist. Wäre der Ball zu seiner Seite gesprungen, hätte er kaum eine Chance gehabt, den Ball zu erhalten.

1. Rebound jeder — gegen — jeden (Abb. 47):

Übungsziel: Der fehlgeworfene Ball soll aus der Form des Rebounddreiecks gesichert werden; der Ball soll anschließend sofort wieder ins Spiel gebracht werden.

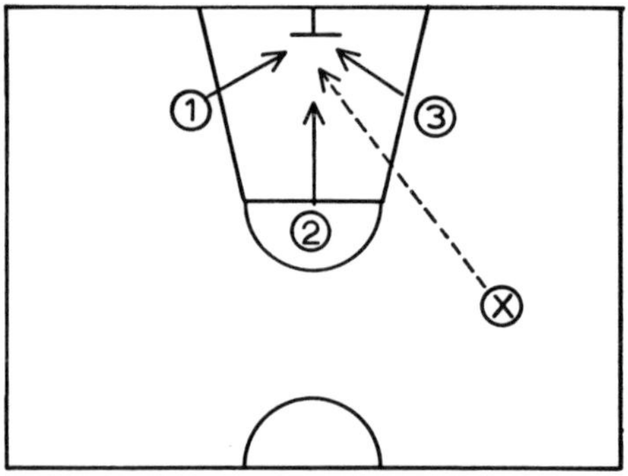

Abbildung 47

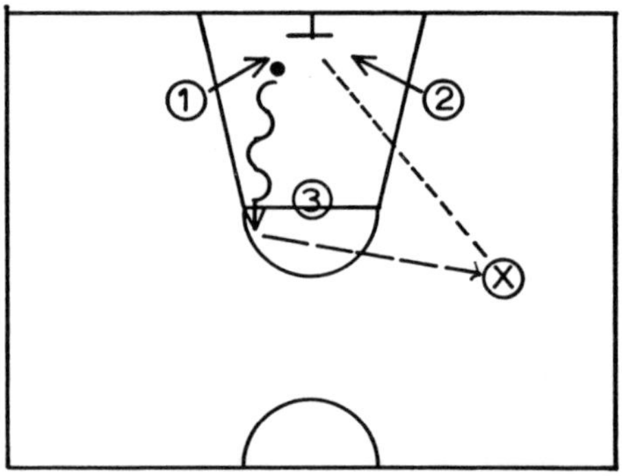

Abbildung 48

Ausführung: x wirft auf den Korb. Die Spieler 1, 2 und 3 versuchen alle drei, den Ball zu erspringen. Der Ball wird sofort wieder an x zurückgespielt, der wiederum wirft. Ein erfolgreicher Wurf wird so behandelt, als sei er fehlgegangen.

2. Rebound jeder gegen jeden mit anschließender Behinderung (Abb. 48):

Übungsziel: Der Spieler, der den Rebound ersprungen hat, soll versuchen, den Ball trotz Behinderung sicher wieder ins Spiel zu bringen.
Ausführung: Ausführung wie bei 1). Sobald nun einer der Spieler den Ball hat, versuchen die beiden anderen, den Paß zu x zu verhindern. Der Ballbesitzer muß sich notfalls erst freidribbeln.

3. Rebound (Verteidigung gegen Angriff) (Abb. 49):

Übungsziel: Angreifer und Verteidiger sollen versuchen, einen vom Korb zurückspringenden Ball zu erspringen.

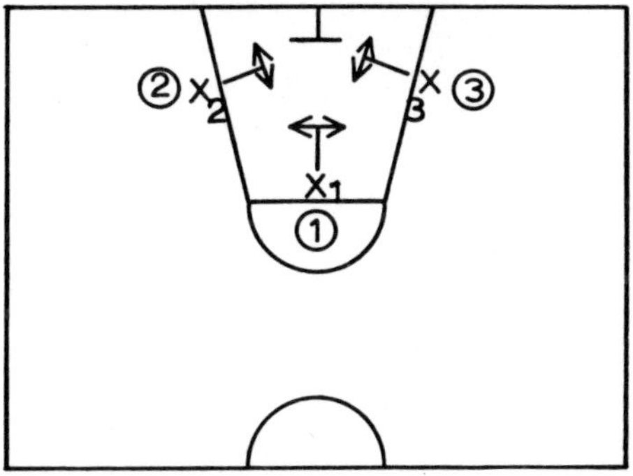

Abbildung 49

Ausführung: 1 wirft auf den Korb; sodann versuchen 1, 2 und 3, den Rebound zu erhalten, während x_1, x_2 und x_3 bemüht sind, ihren jeweiligen Gegenspieler herauszublocken (den Weg versperren), um ihrerseits den Ball zu erhalten. Bekommen die Angriffspieler den Ball, setzen sie die Übung fort. Erhalten ihn die Verteidiger, so werden die Rollen getauscht. Ein erfolgreicher Wurf wird behandelt wie ein Wurf ohne Erfolg; demnach in jedem Fall Reboundversuch.

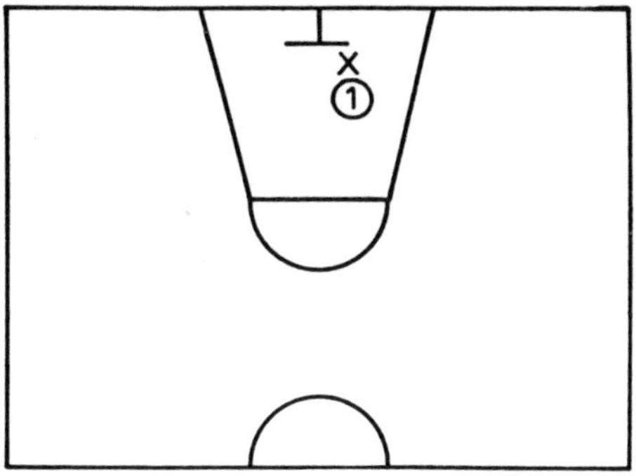

Abbildung 50

4. Rebound unter dem Brett (Abb. 50):

Übungsziel: Sofortiges Springen nach dem Ball (Verteidiger und Angreifer), wenn dem Verteidiger zum Herausblocken keine Zeit mehr bleibt.

Ausführung: 1 wirft den Ball ans Brett; x und 1 springen sofort nach dem Ball. Wer ihn erhält versucht einen Korbwurf. Nach 10 Rebounds tauschen x und 1 ihre Rollen.

5. Springen ans Brett (ohne Ball) (Abb. 51):

Übungsziel: Sprungkraft und Springen im richtigen Zeitpunkt soll geschult werden.

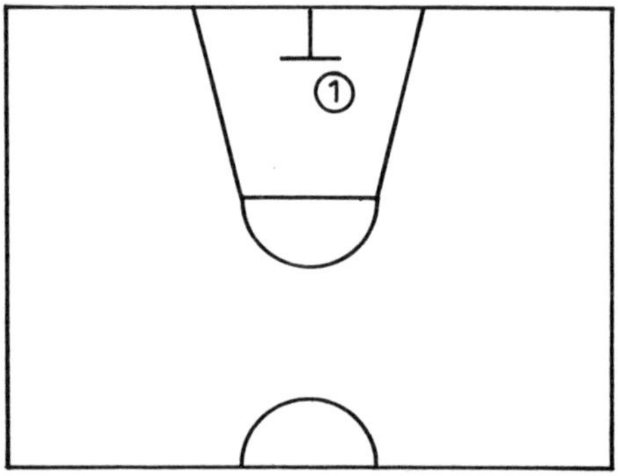

Abbildung 51

Ausführung: 1 nimmt Aufstellung unter dem Brett und tippt 10 mal mit der rechten Hand ans Brett, wobei er immer ohne Zwischenschwung springen soll, also keine große Ausholbewegung durchführen darf. Sodann 10 mal mit der linken Hand; anschließend 5 mal mit beiden Händen. Große Spieler versuchen, den Korbring anzutippen. Nach einer Pause wird die Übung wiederholt.

6. Rebound 1 gegen 1 (Abb. 52):

Übungsziel: In simulierten Spielbedingungen soll die Bereitschaft zum Rebound geschult werden.

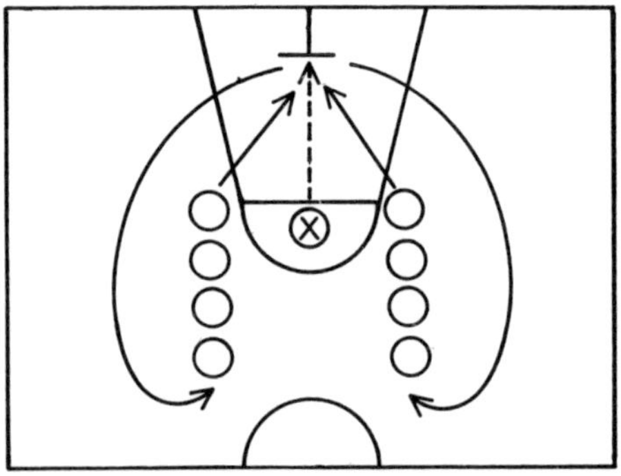

Abbildung 52

Ausführung: Zwei Gruppen mit Blick zum Korb. Zwischen den Gruppen steht ein weiterer Spieler, der so auf den Korb wirft, daß es zu einer Reboundsituation kommt. Der erste Spieler jeder Gruppe geht zum Rebound. Wer ihn erhält, spielt zum Werfer zurück usw.

7. Tippen ans Brett (mit Ball) (Abb. 53):

Übungsziel: Springen nach dem Ball im richtigen Zeitpunkt. Einschätzen der Richtung des abprallenden Balles.

Abbildung 53

Ausführung: Zwei Gruppen mit je einem Ball mit Blick zum Korb. Der erste Spieler jeder Gruppe wirft den Ball ans Brett und räumt sofort seinen Platz. Der jeweils nächste Spieler springt nach dem Ball und tippt ihn in der Luft mit einer oder beiden Händen wieder ans Brett für den nächsten Spieler seiner Gruppe usw.

8. Tippen ans Brett mit Korbversuch (Abb. 54):

Übungsziel: Es soll im richtigen Zeitpunkt nach dem Ball gesprungen werden. Der Ball wird im Sprung in den Korb getippt.

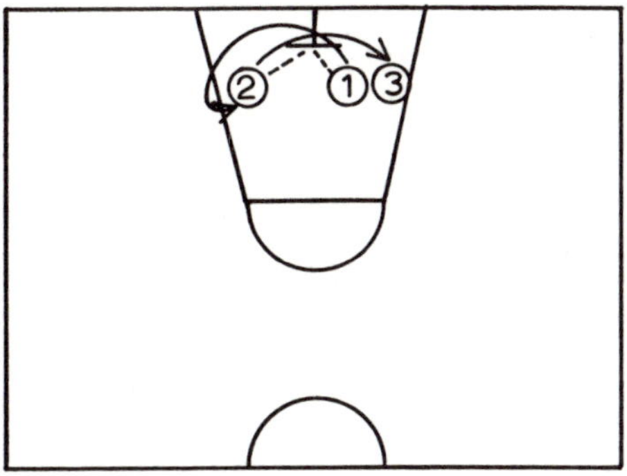

Abbildung 54

Ausführung: 1 tippt den Ball über den Korb ans Brett zu 2 und läuft auf die andere Seite hinter 2; 2 tippt über den Korb ans Brett für 3 und nimmt die Position von 3 ein; 3 tippt zu 1 usw. Nach etwa 5maligem Tippen wird versucht, den Ball in den Korb zu tippen.

9. Rebound mit Platzwechsel (Abb. 55):

Übungsziel: Rebound mit anschließendem Paß zu einem Mitspieler, als Vorübung zu einem späteren schnellen Gegenangriff.

Ausführung: Spieler 1 wirft den Ball hoch ans Brett, springt nach dem Rebound, paßt zu 2 und läuft auf dessen Platz; 2 dribbelt zum Brett, wirft den Ball ans Brett, springt nach dem Rebound, paßt zu 3 und läuft auf dessen Platz. 3 dribbelt zum Brett usw. Übungsdauer 2—3 Minuten.

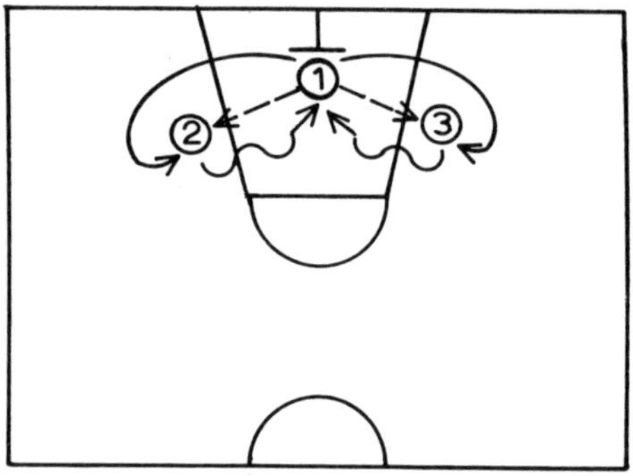

Abbildung 55

V. Schnellangriff

In keiner Übungs- oder Trainingsstunde sollten *Schnellangriffsübungen* fehlen. Diese Übungsformen enthalten die wesentlichsten technischen Elemente des Basketballspiels: Rebound, Dribbeln, Passen und Werfen. Außerdem ergeben sich in jedem Spiel eine Vielzahl von Schnellangriffssituationen verschiedenster Art. Am wirkungsvollsten sind Überzahlangriffe (2 gegen 1 oder 3 gegen 2), jedoch fallen

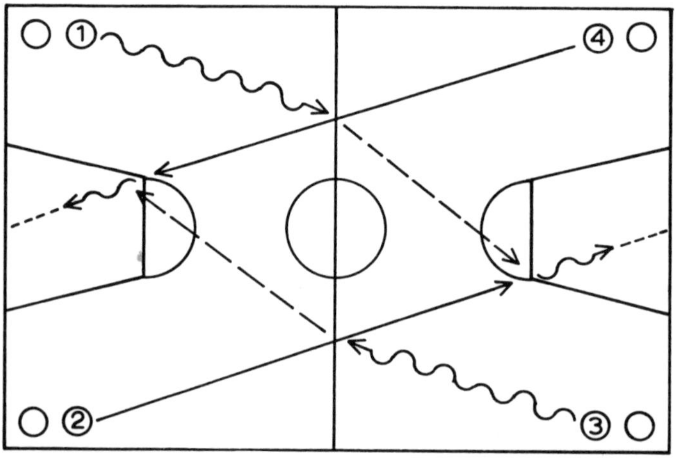

Abbildung 56

auch Angriffe bei Gleichgewicht zwischen Deckungs- und Angriffsspieler (etwa 2 gegen 2 oder 3 gegen 3) unter die Gruppe der Schnellangriffe, da für die angreifende Mannschaft diese Situationen erfolgversprechender sind als Positionsangriffe 5 gegen 5.

13

12
USC
8
7

1. Weiter Paß (Abb. 56):

Übungsziel: Genaue weite Pässe zu einem laufenden Mitspieler als Vorbereitung des Schnellangriffs.

Ausführung: Vier Gruppen nehmen in den vier Spielfeldecken Aufstellung. Der erste Spieler (1) der Gruppe I dribbelt bis zur Mittellinie; der erste Spieler der Gruppe II (2) läuft schnell zur gegenüberliegenden Freiwurflinie, erhält einen weiten Paß von 1 und wirft einen Korbleger. Sobald dies geschehen ist, setzen die ersten Spieler (3 und 4) der Gruppen III und IV die Übungsform zur anderen Seite fort usw.

2. Weiter Paß im Dreieck (Abb. 57):

Übungsziel: Ein freistehender Spieler soll mit einem weiten Paß genau angespielt werden.

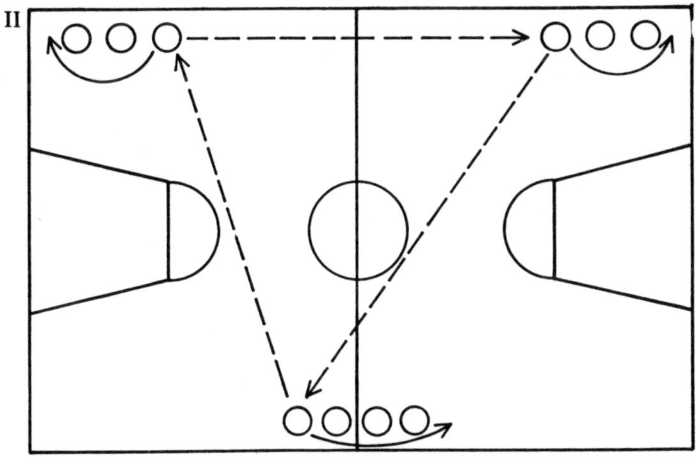

Abbildung 57

Ausführung: Drei Gruppen werden aufgestellt, wie im Diagramm dargestellt. Der Ball wird von der Ecke I zur Mittellinie gepaßt, von dort zur Ecke II, von da wieder zur Ecke I. Wer gepaßt hat, stellt sich in seiner Gruppe hinten an. Alle Arten von Pässen können verwendet werden.

3. 3 gegen 1 (Abb. 58):

Übungsziel: Die Situation 3 gegen 1 soll geübt werden, um den freien Mann zu erkennen.

Ausführung: Drei Spieler stellen sich an einem Ende des Spielfeldes auf. Ein Verteidiger steht an der gegenüberliegenden Freiwurflinie. Der mittlere Spieler der Gruppe dribbelt, bis er von x angegriffen wird und spielt dann nach einer Seite ab. Der Paßempfänger wirft einen Korbleger oder spielt nochmals ab.

Kommt die Dreiergruppe wieder an die Reihe, werden die Positionen innerhalb der Gruppe getauscht, damit jeder einmal Mittelmann ist.

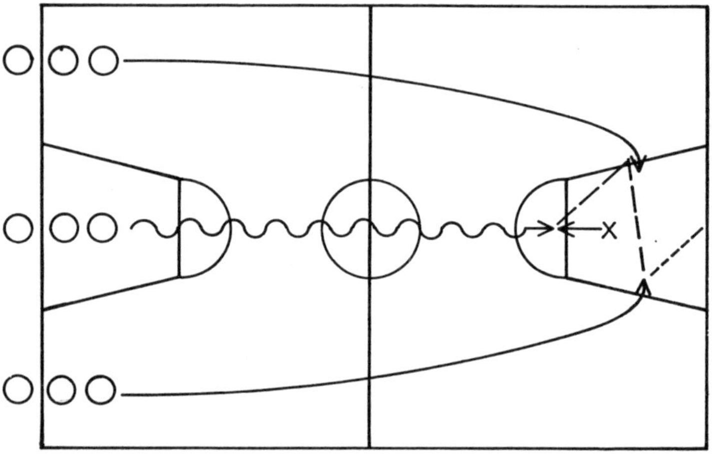

Abbildung 58

4. Drei gegen zwei (Abb. 59):

Ausführung: Wie 3., jedoch jetzt gegen zwei Verteidiger. Der Dribbler paßt zur Seite, wenn er angegriffen wird. Der angespielte Flügelstürmer paßt zum anderen

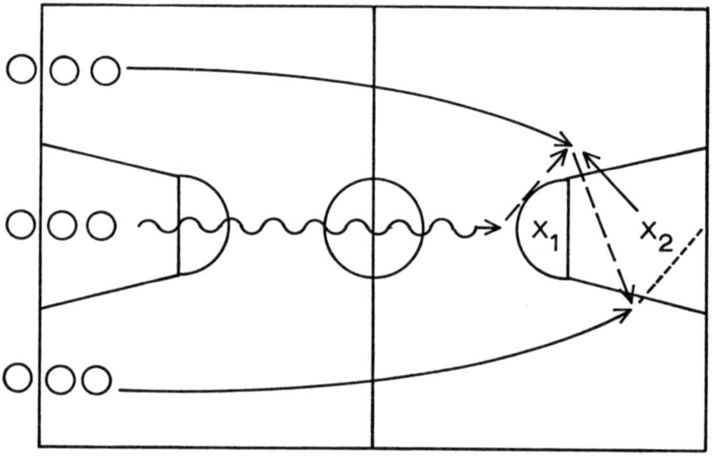

Abbildung 59

Flügelspieler, wenn er vom zweiten Verteidiger angegriffen wird, ansonsten wirft er selbst.

5. Drei gegen zwei Non-Stop (Abb. 60):
Der Schnellangriff drei gegen zwei soll am laufenden Band geübt werden. Dabei lernt die Verteidigung, sich bei Ballerhalt sofort ihrerseits in einen Schnellangriff einzuschalten.

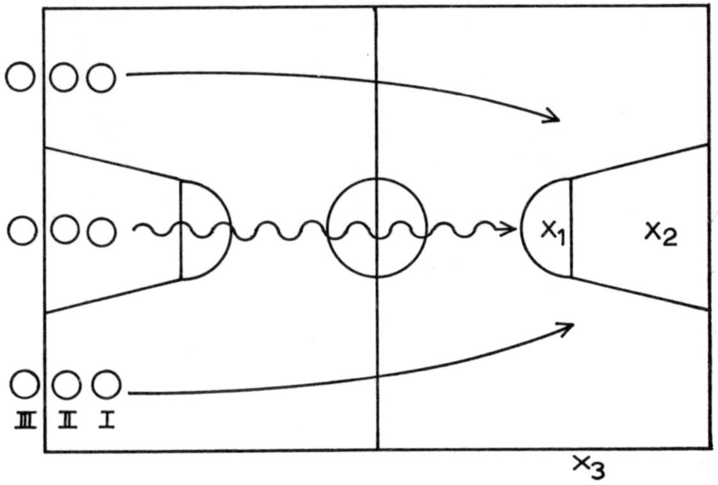

Abbildung 60

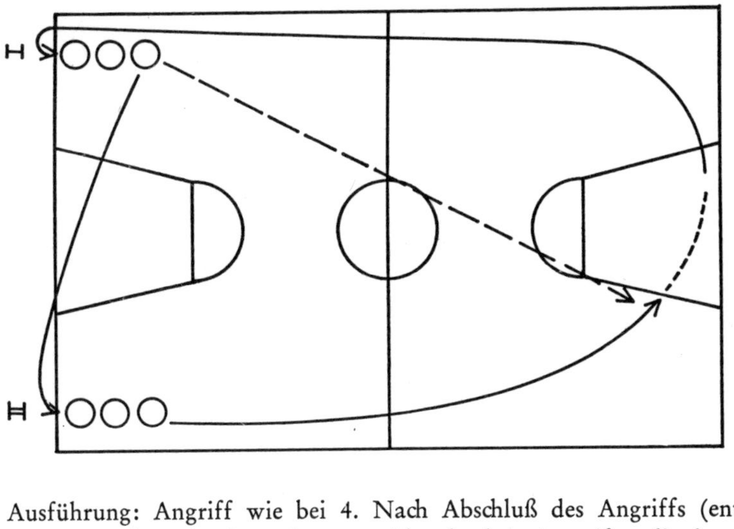

Abbildung 61

Ausführung: Angriff wie bei 4. Nach Abschluß des Angriffs (entweder erfolgreicher Korbwurf oder gelungene Abwehraktion) greifen die jetzt in Ballbesitz befindlichen Verteidiger x_1 und x_2 unter Einschaltung von x_3, der bisher passiv an der Seite stand, in Richtung des anderen Korbes an. Dort hat inzwischen die Gruppe II Verteidigungsaufstellung mit zwei Spielern genommen. Der dritte Spieler stellt sich nach dem Muster von x_3 auf). Während dieser zweite Angriffsversuch (diesmal durch die Verteidiger) unternommen wird, stellt sich die Gruppe I am anderen Korb wieder in der geschilderten Form als Verteidigung auf. Es ergibt sich eine kontinuierliche Übungsform 3 gegen 2. Wichtig ist, daß an jedem Korb immer eine Verteidigung bereitsteht, um die Kontinuität der Übung zu gewährleisten. Übungsdauer bei ca. 5 Dreiergruppen: 12—15 Minuten.

6. Weiter Paß (Abb. 61):

Übungsziel: Weiter Paß an einen laufenden Spieler. Fangen eines Passes im vollen Lauf.

Ausführung: Die Spieler werden in zwei gleich große Gruppen unterteilt. Der erste Spieler der Gruppe I paßt zum ersten Spieler der Gruppe II, der zum anderen Korb läuft, einen Korbleger wirft und sich mit dem Ball an Gruppe I anschließt. Der Paßgeber schließt sich an Gruppe II an, usw.

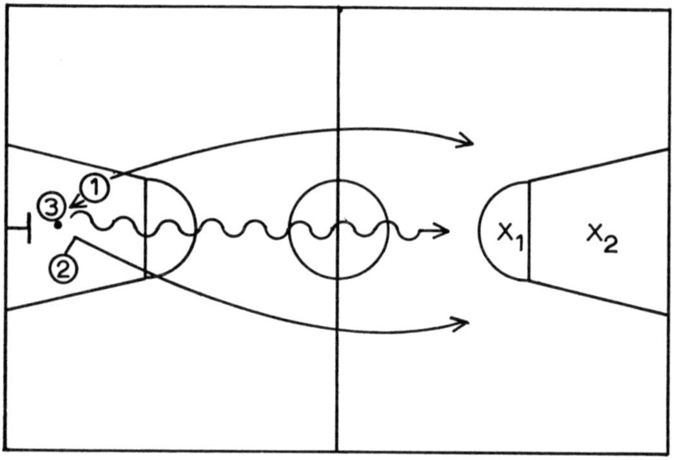

Abbildung 62

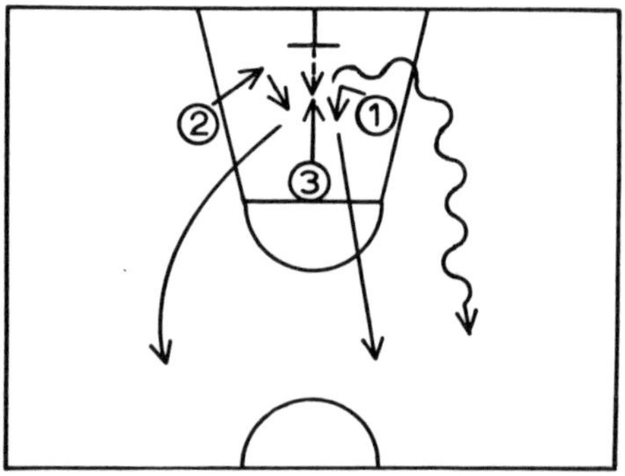

7. Drei gegen zwei nach Behinderung (Abb. 62):

Übungsziel: Kampf um den Rebound. Sich Freidribbeln und Laufen in die richtigen Aufstellungsräume.

Ausführung: Dreiergruppen mit je einem Ball. Einer der drei Spieler wirft auf den Korb; alle drei springen nach dem Rebound. Wer den Ball erhält, muß versuchen, den Ballbesitzer anzugreifen. Erst wenn es diesem gelungen ist, vor die beiden anderen Spieler zu kommen, bilden alle drei wieder eine Mannschaft, die dann einen gemeinsamen Schnellangriff vorträgt. Die nächste Gruppe verfährt nach dem gleichen Muster.

8. Schnellangriff ohne Verteidigung (Abb. 63):

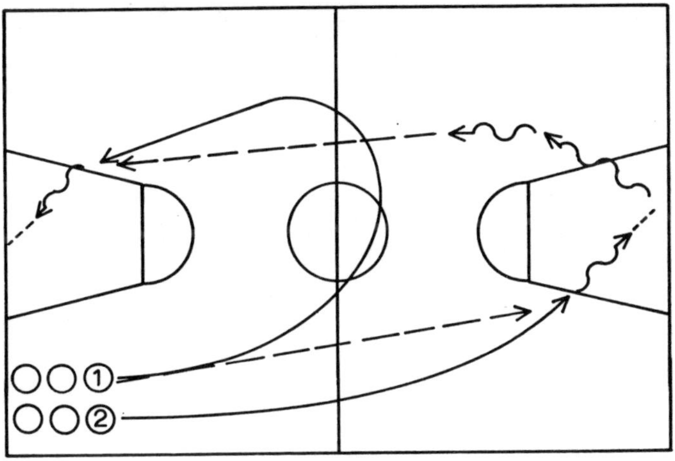

Abbildung 63

Ausführung: Spieler 1 dribbelt zweimal, spielt einen weiten Paß zu 2, der gleichzeitig gestartet ist. 1 läuft bis zur Mittellinie und startet dann in Richtung eigenem Korb. 2 wirft einen Korbleger, holt den Ball, dribbelt zweimal und spielt einen weiten Paß zu 1, der ebenfalls mit Korbleger abschließt. Schon während 2 seinen Korbleger wirft, kann das nächste Paar beginnen.

B. Übungsformen zur Schulung der Grundelemente der Defensive

Hier werden Übungsformen dargestellt, die das richtige *Verhalten in der Defensive* aufzeigen. Hauptaugenmerk wird auf die individuelle Verteidigung gelegt, während das taktische Gesamtverhalten der Verteidiger unberücksichtigt bleiben muß. Die Mehrzahl der angebotenen Übungsformen schulen darüber hinaus auch die Fertigkeiten der Offensive.

1. Fußarbeit (Abb. 64):

Übungsziel: Schulung der Fußarbeit mit Richtungswechsel.

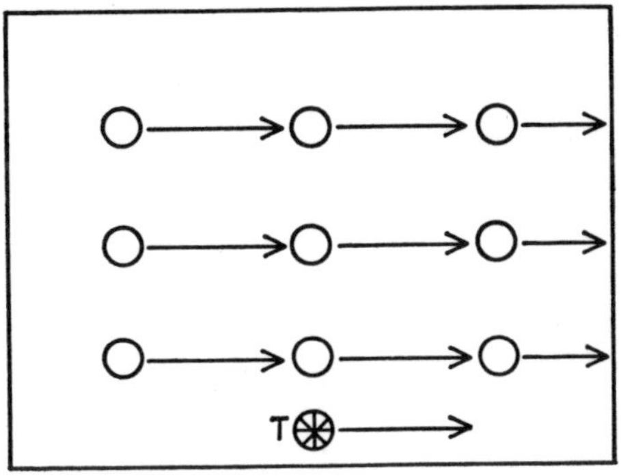

Abbildung 64

Ausführung: Die Spieler werden so aufgestellt, daß sie den vor ihnen stehenden Lehrer oder Trainer (T) sehen können. Der Lehrer zeigt mit seinen Händen die Richtung an, in der sich die Spieler in Verteidigungsstellung bewegen sollen (nach links, nach rechts, vor und zurück usw.). Foto Nr. 11 (Seite 67) zeigt einen Spieler (Nr. 6) in Verteidigungsstellung, der ein Anspiel an den Spieler Nr. 9 verhindern will.

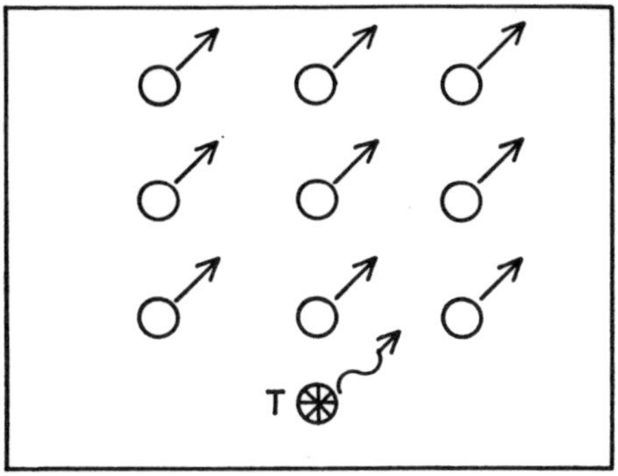

Abbildung 65

2. Fußarbeit (Abb. 65):

Übungsziel: Fußarbeit unter Anpassung auf eine Spielsituation.

Ausführung: Aufstellung wie bei 1). Der Lehrer dribbelt nach allen Richtungen; die Spieler reagieren in Verteidigungsstellung auf dieses Dribbling.

3. Gegen Schneiden (Abb. 66):

Übungsziel: Das Anspiel an einen Spieler, der zum Korb schneidet, soll verhindert werden.

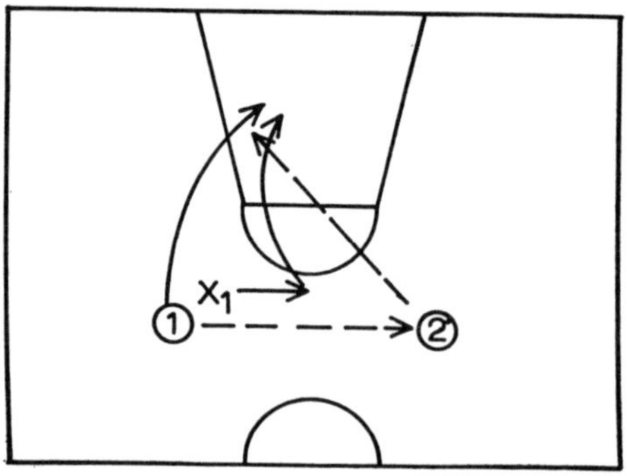

Abbildung 66

Ausführung: 1 paßt zu 2, x_1 läuft zwei Schritte Richtung Paßempfänger, um zu verhindern, daß 1 vor ihm zum Korb schneiden kann. Läuft 1 direkt zum Korb, so folgt ihm x_1, immer zwischen Ball und 1; 2 muß versuchen, dennoch zu 1 zu passen.

4. Abfangen eines Passes (Abb. 67):

Übungsziel: Der Verteidiger soll lernen, einen kurzen Paß abzufangen, der einen von zwei Angreifern erreichen soll.

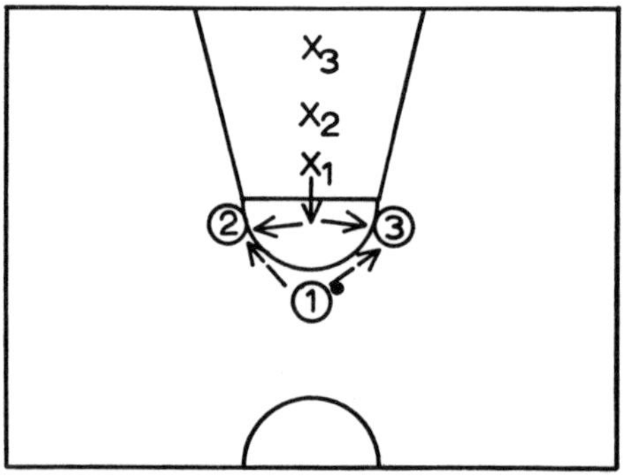

Abbildung 67

Ausführung: Zwei Spieler (2 und 3) nehmen mit Rücken zum Korb Aufstellung an der Freiwurflinie; ein dritter Spieler (1) mit Ball an der Birne. Die Verteidiger stehen in einer Reihe mit Rücken zum Korb. Auf ein Zeichen (akkustisches Signal) des Ballbesitzers läuft der erste Verteidiger (x_1) auf die Freiwurflinie. Sodann paßt 1 ohne vorausgegangene Täuschung zu 2 oder 3; x_1 muß versuchen, den Ball zu erreichen. Später paßt 1 mit Täuschung.

15
15
13

4
POLSKA
11
9
13
POLSKA
POLSKA

5. Abfangen eines Passes (Abb. 68):

Der Verteidiger soll lernen, einen weiten Paß abzufangen, der einen von zwei Angreifern erreichen soll.

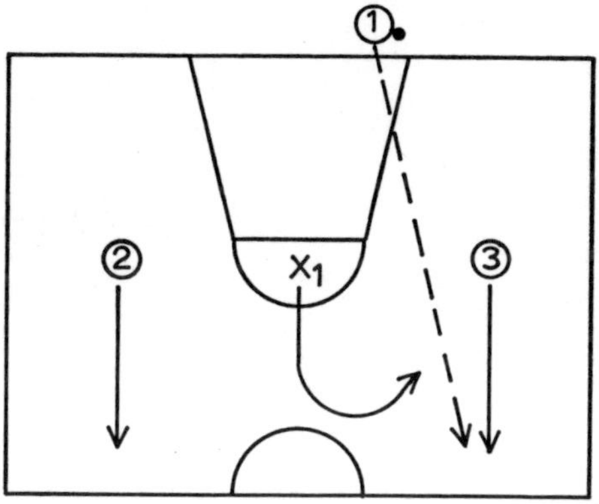

Abbildung 68

Ausführung: Ein Verteidiger (x_1) und zwei Angriffspieler (2 und 3) stellen sich auf gleicher Höhe auf. Der Ballbesitzer (1) steht mit Rücken zum Korb. Auf ein Zeichen dreht er sich zum Spielfeld um; im gleichen Moment laufen 2, 3 und x_1 Richtung Mittellinie; 1 versucht einen weiten Paß zu 2 oder 3; x_1 versucht, diesen Paß abzufangen. Gelingt der Paß, vollenden 2 und 3 den Angriff auf den gegenüberliegenden Korb, während x_1 abzuwehren versucht.

6. Reaktionsübung (Abb. 69):

Übungsziel: Der Verteidiger soll lernen, einen plötzlich in seiner Nähe auftauchenden Ball zu fangen oder abzulenken.

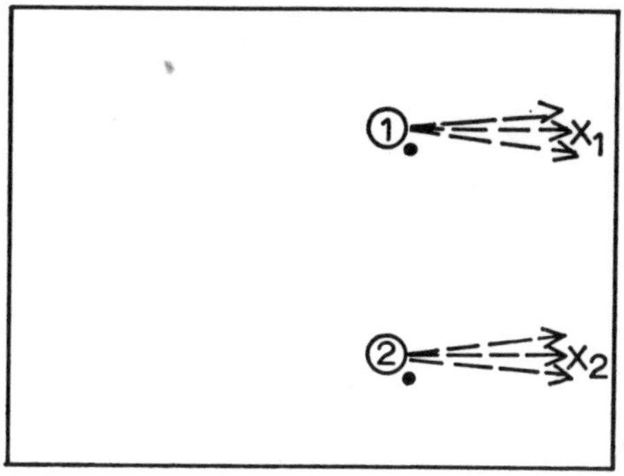

Abbildung 69

Ausführung: 1 und x_1 stehen in einem Abstand von etwa 3 Meter hintereinander, wobei x_1 mit Rücken zu 1 steht. Auf den Zuruf „hopp“ von 1 dreht sich x_1 schnell um; 1 wirft sofort mit dem Ruf zusammen den Ball zu x_1, wobei er den Ball etwas seitlich, etwas zu tief oder etwas zu hoch für x_1 paßt. x_1 soll den Ball erreichen und zu 1 zurückspielen. Nach 10mal tauschen 1 und x_1 die Rollen.

7. Reaktionsübung (Abb. 70):

Übungsziel: Der Verteidiger soll lernen, einen Paß abzufangen und sofort auf Angriff umzuschalten.

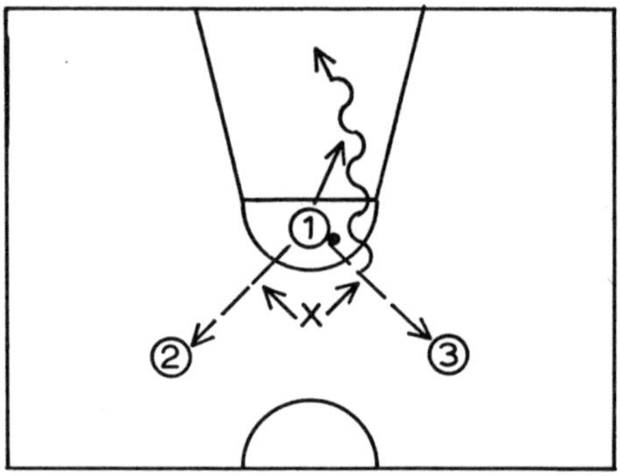

Abbildung 70

Ausführung: Der Ballbesitzer (1) steht mit dem Rücken zum Korb an der Freiwurflinie; 2 und 3 stellen sich mit Gesicht zum Korb auf. Abstand zwischen 1 und den beiden anderen Spielern etwa 4—5 Meter. Zwischen beiden steht x mit Rücken zum Korb. Auf den Zuruf „hopp" von 1 dreht sich x herum und versucht, den sofortigen Paß von 1 zu 2 oder 3 abzufangen. Gelingt es ihm, versucht er sofort an 1 vorbeizugehen und einen Korb zu erzielen; gelingt es nicht, spielt 2 oder 3 zu 1 zurück und die Übung wird wiederholt. Nach 5mal werden die Rollen getauscht.

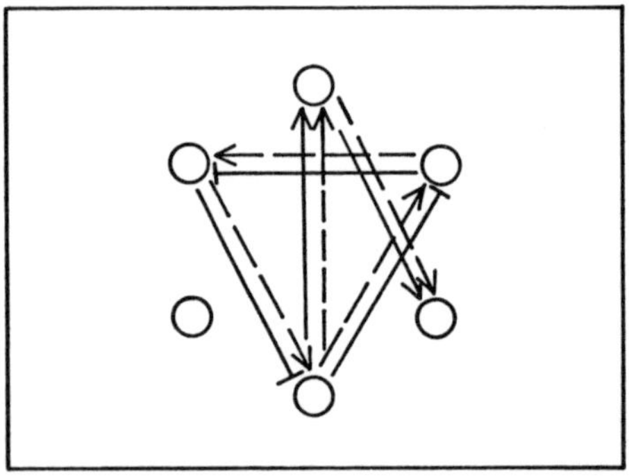

Abbildung 71

8. Kreisübung (Abb. 71):

Übungsziel: Die Spieler sollen lernen, schnell von Offensive auf Defensive umzustellen und umgekehrt.

Ausführung: Sechs Spieler stellen sich in Kreisform auf. Der Ballbesitzer spielt zu irgendeinem Spieler, folgt seinem Paß und versucht, dem neuen Ballbesitzer den Ball abzunehmen usw. Wer einen Ball erhält, versucht ihn sofort wieder ins Spiel zu bringen und anschließendes Passen zu unterbinden.

9. Stoppen des Dribblers (Abb. 72):

Übungsziel: Die Fertigkeit, einen Dribbler zu stoppen, bevor dieser in eine gute Position kommt, soll geschult werden.

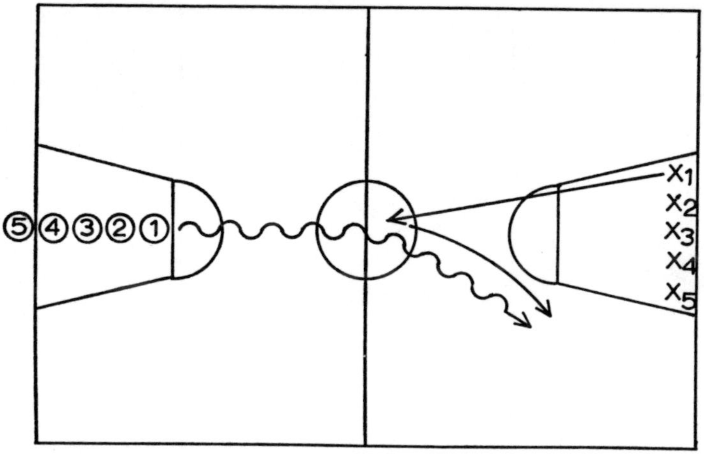

Abbildung 72

Ausführung: Die Spieler werden in zwei Gruppen an den beiden Körben aufgestellt. Der erste Angreifer dribbelt auf den anderen Korb zu und wird vom ersten Verteidiger angegriffen, wenn er in Höhe der Mittellinie ist. Der Verteidiger versucht den Dribbler zu stoppen, bevor dieser zum Korb gelangen kann.

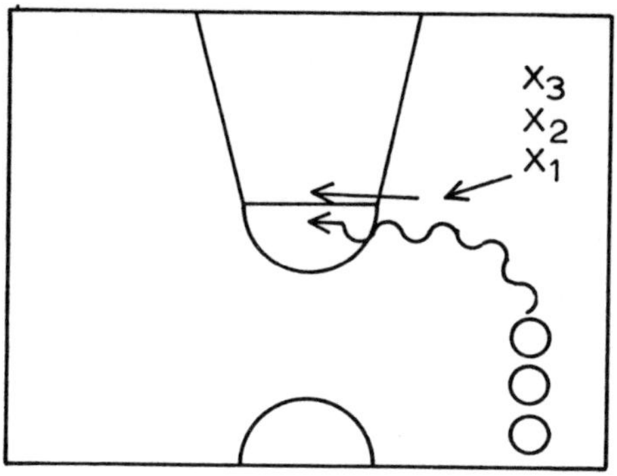

Abbildung 73

10. Abdrängen des Dribblers (Abb. 73):

Übungsziel: Der Verteidiger soll lernen, einen Dribbler nach innen abzudrängen.

Ausführung: Die Spieler werden in zwei Gruppen unterteilt und an der Seitenlinie aufgestellt. 1 versucht zum Korb zu dribbeln, während x_1 den Dribbler zur Mitte abdrängt. x_1 muß verhindern, daß der Dribbler zwischen ihm und der Seitenlinie durchbricht.

11. Verteidigung gegen Überzahl: 1—2 (Abb. 74):

Übungsziel: Der Verteidiger soll eine günstige Position zwischen den beiden Angreifern einnehmen und einen Korbversuch verhindern.

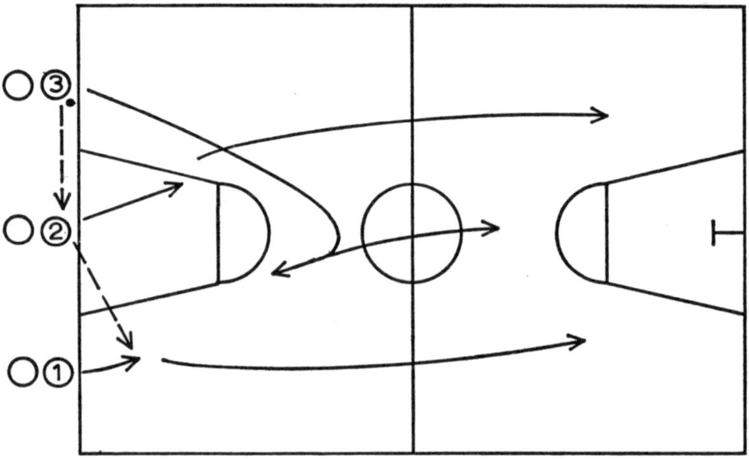

Abbildung 74

Ausführung: Drei Spieler an der Endlinie aufstellen. Der Ballbesitzer (3) paßt zu 2 und nimmt sodann die Rolle des Verteidigers ein. 2 und 1 versuchen, gegen 3 zum Erfolg zu kommen. Nach jedem Angriff tauschen 1, 2 und 3 die Plätze.

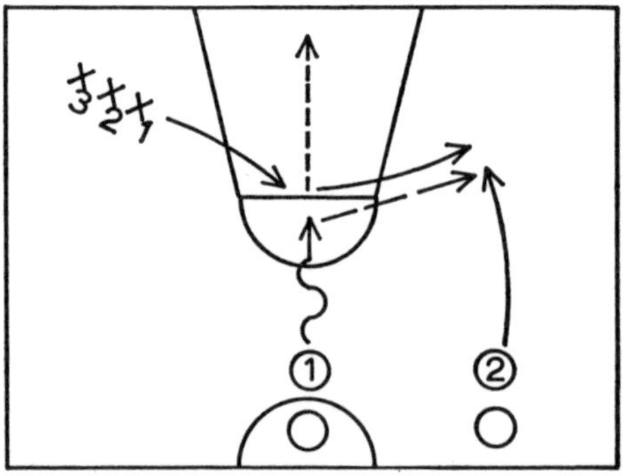

Abbildung 75

12. Verteidigung gegen Überzahl: 1—2 (Abb. 75):

Übungsziel: Der Verteidiger soll den Dribbler stoppen, um dann den zweiten Angreifer beschatten zu können.

Ausführung: 1 dribbelt zum Korb; 2 läuft ohne Ball zum Korb. x_1 stoppt den Dribbler und wechselt anschließend sofort zu 2, noch bevor ein Paß zu 2 möglich ist. 1 bleibt dann nur noch der Wurf von der Freiwurflinie. Sollte der Paß dennoch erfolgen, soll x_1 einen Korbleger von 2 verhindern.

13. Preßdeckung mit zwei Bällen (Abb. 76):

Übungsziel: Der Verteidiger übt das Beschatten eines Dribblers, der über das ganze Feld dribbelt.

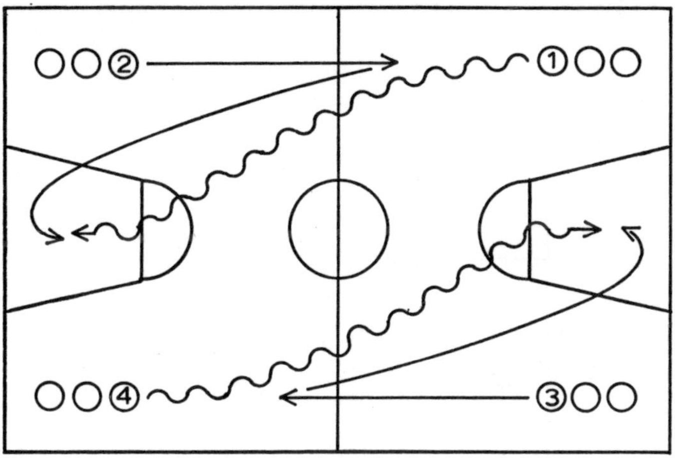

Abbildung 76

Ausführung: Die Spieler in den vier Ecken des Spielfeldes aufstellen. 1 dribbelt zum anderen Korb und wird von 2 angegriffen. 2 behindert den Dribbler bis zum Korb. Auf der anderen Seite verfahren 3 und 4 auf die gleiche Weise.
Die Spieler, die gedribbelt haben, schließen sich nach der Übung der Verteidigungsgruppe an und umgekehrt.

14. Verteidigung gegen Überzahl: 2—3 (Abb. 77—79):

Übungsziel: Die Verteidigung soll lernen, sich in der häufig vorkommenden Situation 2—3 richtig zu verhalten.

Wichtig ist, daß die beiden Verteidiger zu Beginn der Übung etwa an der Mittellinie stehen und dann erst in die unten gezeigte Verteidigungsposition laufen.

a) Grundschema

b)

Ausführung: 1, 2 und 3 greifen in Überzahl gegen x_1 und x_2 an. Wird der Ball in der Mitte geführt (a), so stoppt x_1 den Dribbler; x_2 greift den neuen Ballbesitzer an (hier 3), während sich x_1 sofort unter den Korb zurückzieht, wenn 1 gepaßt hat. Wird der Ball an der Seite geführt (b), so stoppt x_2 den Dribbler (hier 2), während sich x_1 unter den Korb zurückzieht. Durch dieses Vorgehen erschwert die Verteidigung das Passen und gewinnt etwas Zeit, bis vielleicht ein dritter Verteidiger zur Stelle ist.

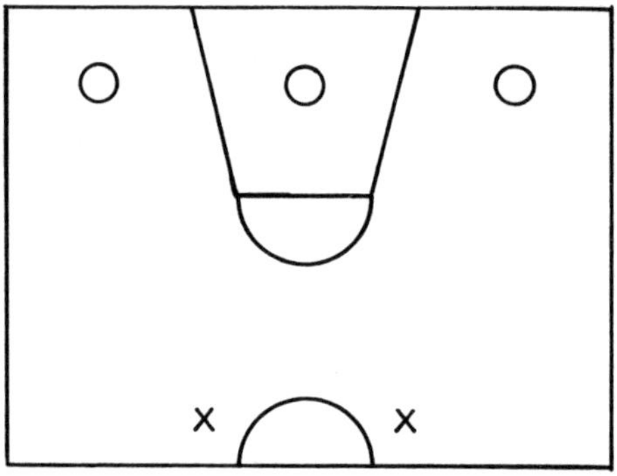

Abbildung 77

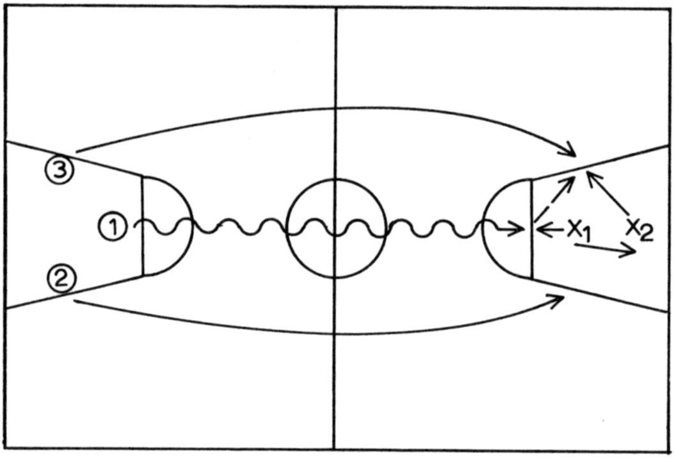

Abbildung 78

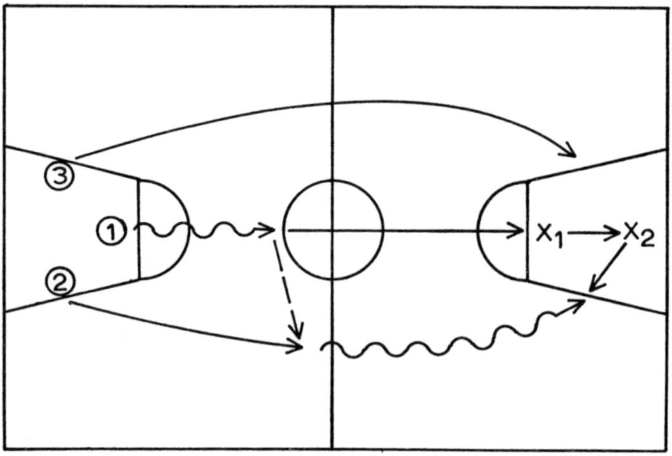

Abbildung 79

15. Verteidigung in der Überzahl: 2—1 (Abb. 80):

Übungsziel: Die Verteidiger sollen lernen, einen Dribbler zu stoppen und festzunageln, bzw. zu einem unvorsichtigen und überhasteten Paß zu verleiten.

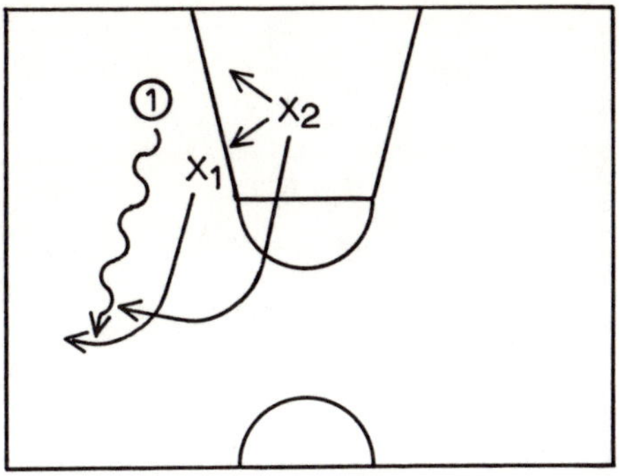

Abbildung 80

Ausführung: 1 versucht, zum anderen Korb zu dribbeln. x_2 verhindert einen Durchbruch zur Mitte. x_1 gibt die Seitenlinie frei und verhindert ebenfalls einen Durchbruch zur Mitte. Dribbelt 1 entlang der Seitenlinie, so stoppt x_1 den Dribbler nahe der Mittellinie, während x_2 den Weg zur Mitte versperrt. Dem Dribbler bleibt dadurch meist nur noch der Paß in höchster Bedrängnis.

16. Verteidigung in der Überzahl: 3—2 (Abb. 81):

Übungsziel: Wie bei 15.

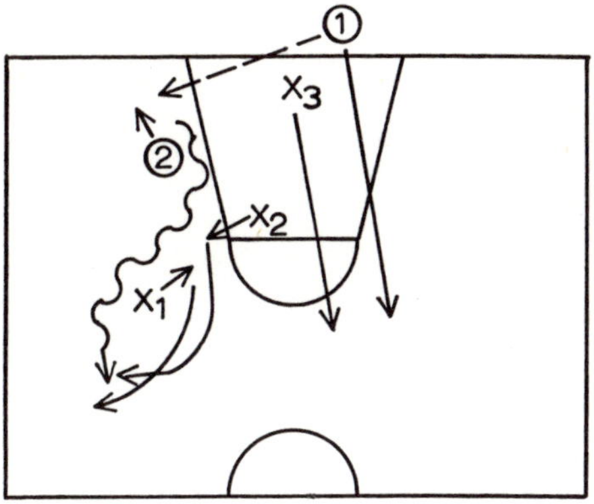

Abbildung 81

Ausführung: 1 paßt zu 2; x_3 verhindert einen Rückpaß von 1 zu 2; x_2 verhindert einen Durchbruch von 1 zur Mitte; x_1 gibt die Seitenlinie frei und verhindert einen Durchbruch zur Mitte. Dribbelt 1 entlang der Seitenlinie, so stoppt x_1 den Dribbler in der Nähe der Mittellinie, während x_2 den Weg zur Mitte versperrt. x_3 verhindert einen Paß von 1 zu 2. Dem Dribbler (1) bleibt meist nur noch ein Paß in höchster Bedrängnis.

17. Verteidigung bei Gleichgewicht 3 gegen 3 (Abb. 82):

Übungsziel wie bei 15.

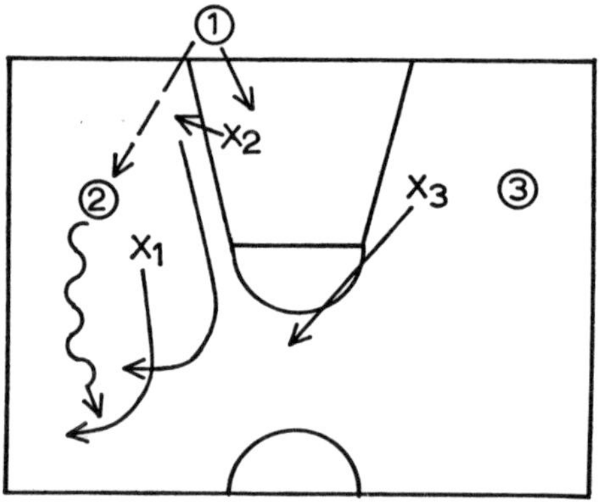

Abbildung 82

Ausführung: x_2 und x_3 verhindern durch ihre Stellung einen Paß von 1 zu 3; 1 paßt zu 2; x_1 gibt die Seitenlinie für 2 frei; x_2 verhindert dann einen Rückpaß von 2 zu 1; x_3 gibt die rechte Seitenlinie für 3 frei und blockiert ihm den Weg zur Mitte. x_1 stoppt den Dribbler (2) an der Seitenlinie in Höhe der Mittellinie; x_2 versperrt den Weg zur Mitte. Dem Dribbler (2) bleibt meist nur noch ein Paß zu 1 oder 3 in Bedrängnis. Weite Pässe sind verboten.

9
6
ITA

7
15

C. Übungsformen zum Konditionstraining

Hier werden ausschließlich Übungsformen mit Ball dargestellt. Da im allgemeinen im Unterricht oder Training nur eine begrenzte Zeit zur Verfügung steht, scheint es sinnvoll, die notwendige Kondition mit Ball zu erarbeiten. Dadurch ist gewährleistet, daß während der Konditionsarbeit auch technische Elemente der Offensive und Defensive geschult werden. Außerdem liegt es nahe, die *spezielle Basketballkondition* auch mit *spielnahen Übungsformen* zu schulen. Andere Formen des Konditionstrainings können im Rahmen dieser Übungssammlung nicht besprochen werden. Bei den in diesem Kapitel angebotenen Übungsformen kann auf den Hinweis über den Übungszweck verzichtet werden. Es wird darauf hingewiesen, daß viele der weiter oben dargestellten Übungsformen zum Konditionstraining herangezogen werden können, zum Beispiel:

A: I, 5.; I, 6.; I, 7.; I, 8.; II, 5.; II, 7.; II, 9.; III, 6.; IV, 5.; V, 5.;

B: 13.

1. Spiel 3—3 über das ganze Feld:

Ausführung: Zwei Mannschaften mit je drei Spielern spielen unter normalen Regeln über das ganze Feld. Die Mannschaft, die zuerst 10 Körbe erzielt hat, ist Sieger. Beide Mannschaften decken dabei Mann — Mann.

2. Spiel jeder gegen jeden:

Ausführung: Drei Spieler nehmen an einem Korb Aufstellung. Der Ball wird auf den Korb geworfen. Von da an spielen die drei Spieler gegeneinander auf den Korb. Der jeweilige Ballbesitzer versucht sofort, einen Korb zu erzielen, während die beiden anderen dies verhindern sollen. Jedesmal, wenn der Ball auf den Korb geworfen wurde (ob mit oder ohne Erfolg), versuchen alle drei Spieler den Ball zu bekommen und ihrerseits einen Korb zu erzielen. Wer zuerst 10 Körbe erzielt hat, ist Sieger.

Foto Nr. 10 (Seite 58), mittlerer Ausschnitt, zeigt eine Szene, die diese Übungsform erläutert.

3. 1 gegen 1 (Abb. 83):

Ausführung: Ein Spieler mit einem Ball wird unter jedem Korb aufgestellt. Die anderen Spieler werden in Verteidiger und Angreifer unterteilt und laut Diagramm aufgestellt. Die Verteidiger stehen etwa 1 Meter vor den Angreifern. Auf ein Zeichen der Ballbesitzer sprinten die ersten beiden Spieler beider Gruppen (x_1 und 1; x_2 und 2) zum anderen Korb. Der Ballbesitzer versucht, den Angreifer anzuspielen. Nach erfolgtem Korbwurf oder erfolgreicher Abwehr geht der Ball wieder zu den Paßgebern. Die nächsten beiden Paare starten. Hat ein Paar die Übung beendet, schließt es sich am Ende der anderen Gruppe an (Verteidiger werden Angreifer und umgekehrt).

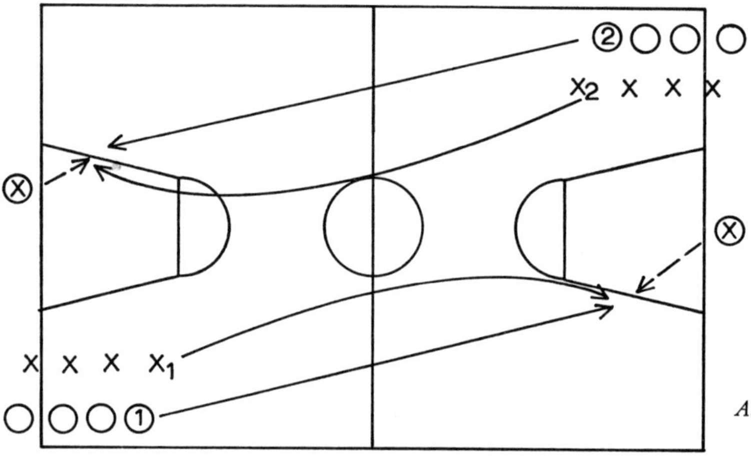

Abbildung 83

4. 2 gegen 2 (Abb. 84):

Ausführung: Unter einem Korb steht ein Spieler mit Ball. Die anderen Spieler werden in vier Gruppen am anderen Korb aufgestellt. Die beiden äußeren Gruppen sind die Angreifer, die beiden inneren die Verteidiger. Auf ein Zeichen des Ballbesitzers sprinten die ersten Spieler jeder Gruppe (1, x_1, x_2 und 2) zum anderen Korb. Der Ballbesitzer versucht, einen der beiden Angreifer (1 oder 2) anzuspielen und zum Wurf zu bringen usw.

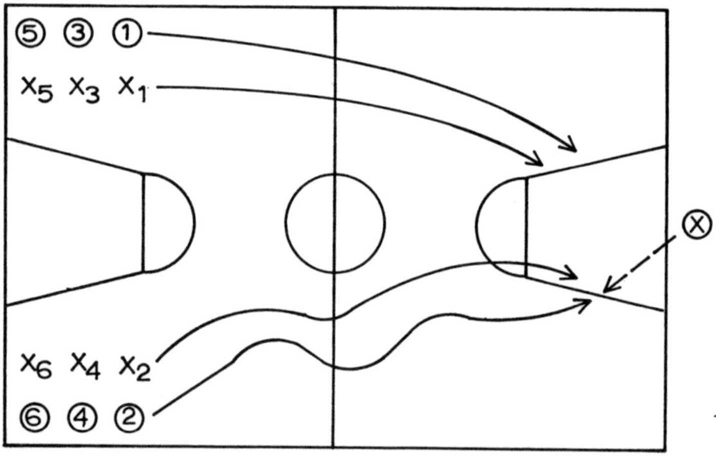

Abbildung 84

5. Laufen durch die Gasse (Abb. 85):

Ausführung: An jeder Seitenlinie wird eine Gasse von Spielern aufgestellt; Spieler 1 läuft durch die erste Gasse, paßt dabei zu jedem Spieler der Gasse, von denen er den Ball sofort wieder erhält. Nachdem die erste Gasse bewältigt ist, dribbelt 1

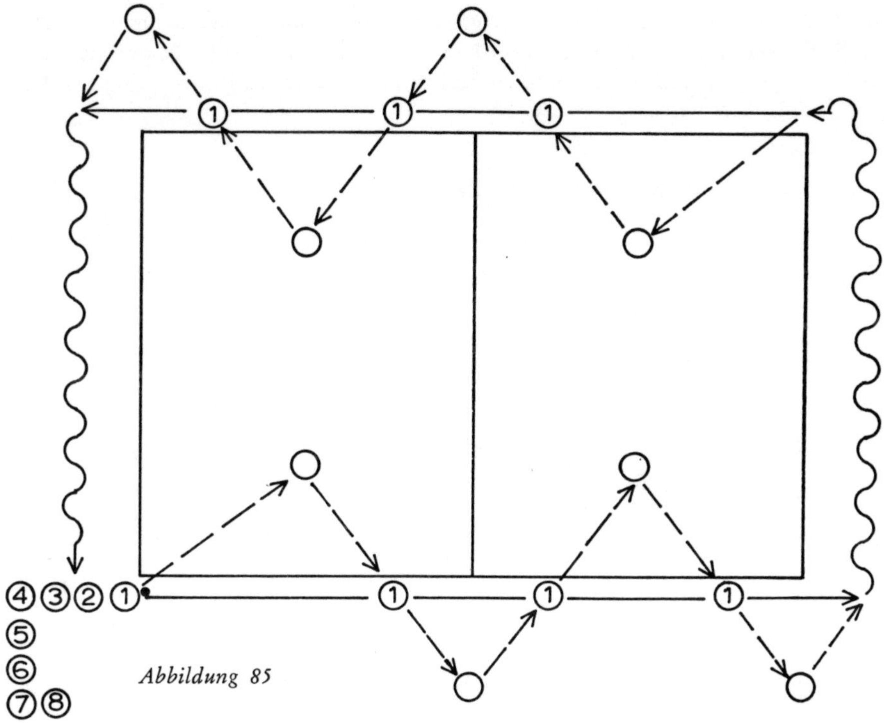

Abbildung 85

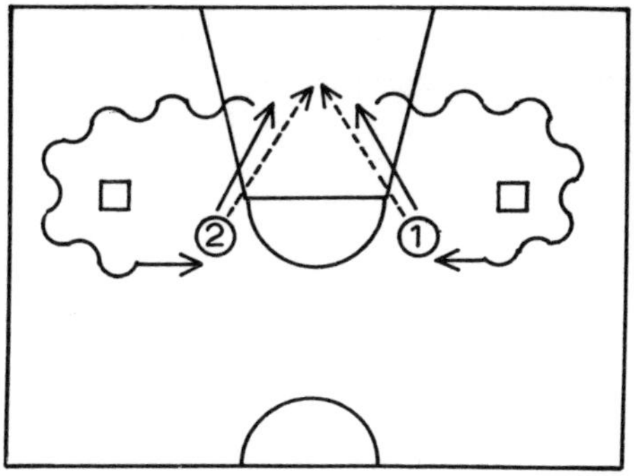

Abbildung 86

entlang der Endlinie zur zweiten Gasse und läuft nach dem gleichen Muster durch die zweite Gasse. Spieler 2 startet, wenn 1 etwa beim zweiten Spieler der ersten Gruppe ist, und führt die gleiche Übung aus. Desgleichen die anderen 6 Spieler.

Jeder der acht Spieler durchläuft 5—10 Runden. Danach tauschen Läufer und Spieler der Gasse die Rollen.

6. Werfen unter Belastung (Abb. 86):

Ausführung: 1 wirft einen Sprungwurf, holt seinen Ball, dribbelt um einen Stuhl an der Seitenlinie wieder an seinen Platz und wirft erneut usw. Er muß möglichst viele Würfe innerhalb zwei Minuten ausführen. 2 führt die gleiche Übung auf der linken Seite aus.

7. Korbleger unter Belastung (Abb. 87):

Ausführung: Die Spieler werden in Paare aufgeteilt. 1 dribbelt, 2 startet ohne Ball, tritt in Höhe der Mittellinie scharf an, erhält von 1 den Ball und wirft einen Korb-

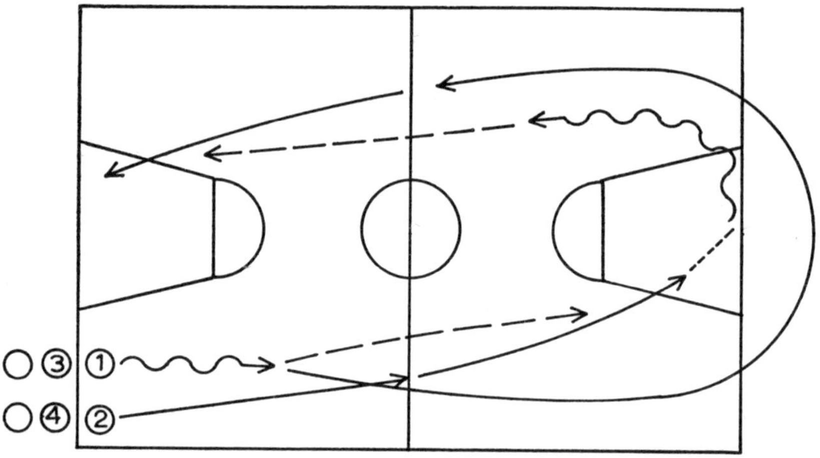

Abbildung 87

leger. Anschließend holt 2 seinen Ball und dribbelt zum anderen Korb, während 1 ohne Ball startet. 1 ist jetzt 2 geworden und umgekehrt. Das zweite Paar startet, wenn 1 und 2 an der Mittellinie sind usw. Jedes Paar läuft 5—10 Runden.

8. Dribbler gegen Verteidiger (Abb. 88):

Ausführung: Die Spieler werden in Paare unterteilt. Der Angriffsspieler eines Paares dribbelt, der dazu gehörende Verteidiger weicht in Verteidigungsstellung vor ihm zurück und öffnet immer zur Ballseite. Der Angreifer soll nicht um jeden

Preis am Verteidiger vorbei, sondern soll ihn durch Handwechsel und Richtungsänderungen „in Atem“ halten. Beim Rückweg werden die Rollen getauscht.

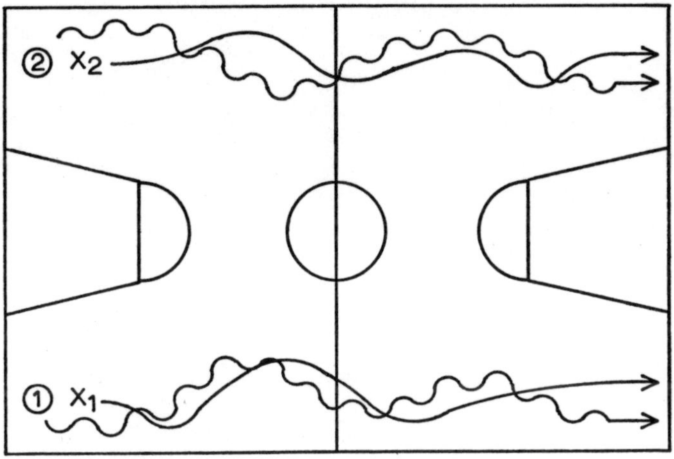

Abbildung 88

D. Übungsformen zum Aufwärmen

Die Übungsformen zum *Aufwärmen* wurden bewußt an das Ende der Sammlung gestellt. Das Aufwärmen mit Ball besteht meist aus Passen, Fangen, Dribbeln und Werfen. Es kann daher durchaus nach diesen technischen Elementen dargestellt werden. Die Formen zum Aufwärmen können auch im normalen Unterricht oder Training verwendet werden. Auch in diesem Kapitel wird auf Hinweise auf das jeweilige Übungsziel verzichtet. Im Unterricht oder Training erfüllen die Übungsformen neben dem Aufwärmen den Zweck, technische Fertigkeiten zu vervollständigen. Vor dem Spiel sollen hauptsächlich solche Übungsformen herangezogen werden, bei deren Ausführung eine Anpassung an die äußeren Spielumstände (Gewöhnung an Ball, Bodenbelag, Spielbretter, Beleuchtung und Körbe) erleichtert werden kann.

1. Korbleger mit Dribbling (Abb. 89):

Ausführung: Alle Spieler, bis auf einen (6), stellen sich an einer Seitenlinie auf. Der Spieler 6 steht unter dem Korb. 1 dribbelt zum Korb und wirft einen Korbleger.

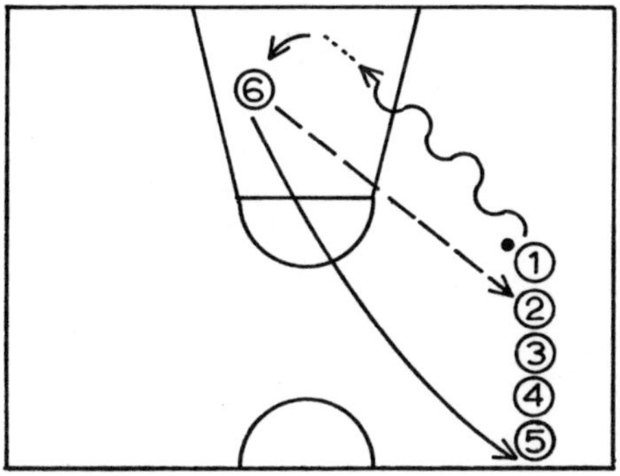

Abbildung 89

6 holt den Ball, spielt zu 2 und schließt sich an die Gruppe an. 1 wartet nach seinem Korbleger, bis 2 die gleiche Übung ausgeführt hat, holt dessen Ball und paßt zu 3 usw. Die Übungsform kann anschließend von links ausgeführt werden.

2. Anlaufen von zwei Seiten (Abb. 90):

Ausführung: Die Spieler werden in zwei Gruppen unterteilt und an beiden Seitenlinien aufgestellt. Der erste Spieler der linken Gruppe (1) paßt zum ersten Spieler der rechten Gruppe (2), der einen Korbleger wirft. Der zweite Spieler der linken Seite holt den Ball und paßt zum zweiten Spieler der rechten Gruppe, der einen

Korbleger wirft. Wer geworfen hat, schließt sich an die andere Gruppe an und umgekehrt. Anschließend kann die Übung mit Korbleger von links durchgeführt werden.

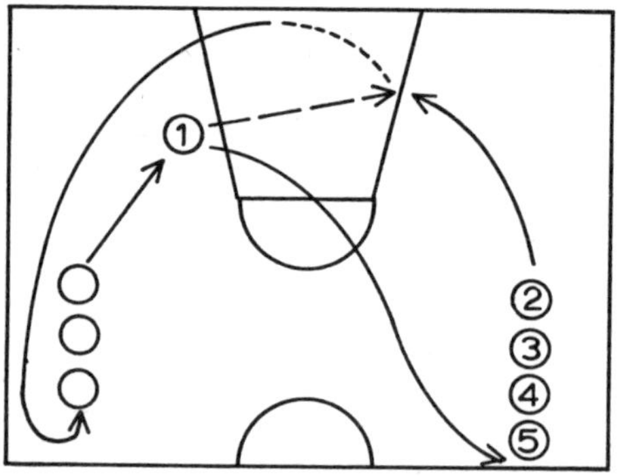

Abbildung 90

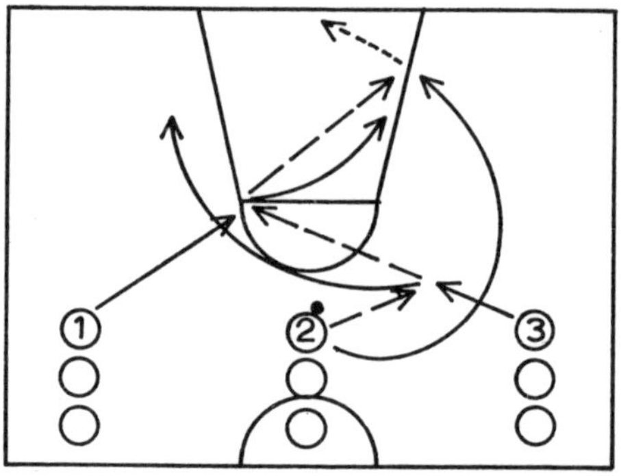

Abbildung 91

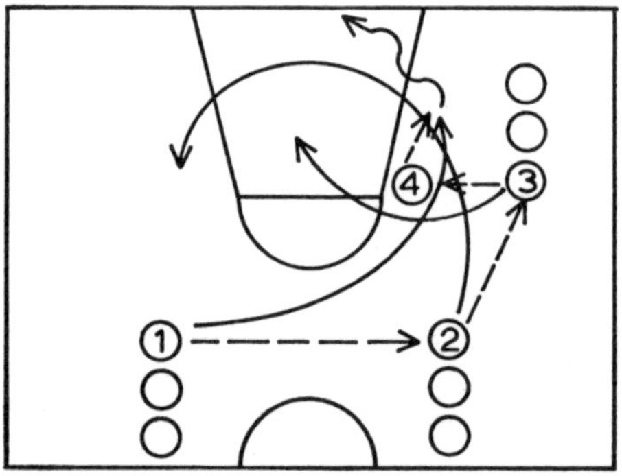

Abbildung 92

3. Achterlauf (Abb. 91):

Ausführung: Die Spieler werden in Gruppen zu dreien unterteilt. Spieler 2 paßt zu 3 und schneidet hinter diesem vorbei zum Korb. 3 paßt zu 1 und schneidet hinter 1 vorbei zum Korb. 1 paßt zu 2, der einen Korbleger wirft usw.

4. Kreuzen über Post (Abb. 92):

Ausführung: Die Spieler werden laut Diagramm aufgestellt, 1 paßt zu 2, 2 zu 3, 3 zu 4. 1, 2 und 3 schneiden an 4 vorbei zum Korb. 4 paßt zu einem der durchschneidenden Spieler (hier 1), der einen Korbleger wirft usw. 1, 2 und 3 schließen sich an eine andere Gruppe an, während 4 bleibt. Die nächste Gruppe führt die gleiche Übung aus. Anschließend kann die Übung von links durchgeführt werden.

5. Vier Ecken Aufwärm-Übung (Abb. 93):

Ausführung: Die Spieler werden in vier Gruppen unterteilt und in den vier Ecken einer Spielfeldhälfte aufgestellt. 1 paßt zu 4, 4 zu 2, 2 zu 3, der zum Korb schneidet

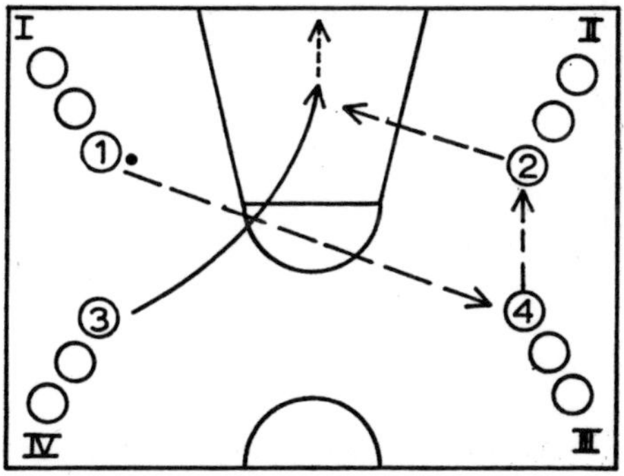

Abbildung 93

und einen Korbleger wirft. 3 holt seinen eigenen Ball und paßt ihn zur Gruppe I. Der nächste Spieler der Gruppe I beginnt die Übung von neuem. Wer an der Reihe war, schließt sich im Gegenuhrzeigersinn der nächsten Gruppe an usw.

6. Kreuzen über Post (Abb. 94):

Ausführung: Die Spieler werden in zwei Gruppen aufgeteilt und laut Diagramm

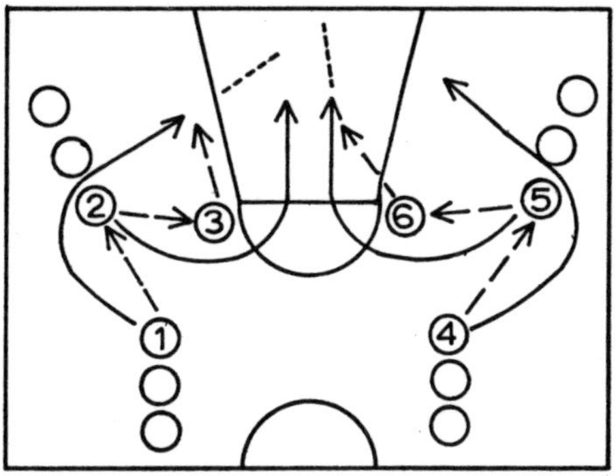

Abbildung 94

aufgestellt. 1 paßt zu 2, 2 zu 3. 1 schneidet an 2 vorbei zum Korb, 2 schneidet an 3 vorbei zum Korb. 3 paßt entweder zu 1 oder 2 zum Korbleger. Zur gleichen Zeit führen 4, 5 und 6 die Übung auf der rechten Seite aus. Die zum Korb schneidenden Spieler müssen darauf achten, einen Zusammenstoß mit Spielern der anderen Gruppe zu vermeiden.

7. Kreuzen über Post (Abb. 95):

Ausführung: Die Spieler werden laut Diagramm aufgestellt. 1 und 2 haben je einen Ball und beginnen gleichzeitig zur Seitenlinie zu dribbeln. Nach etwa 3—4

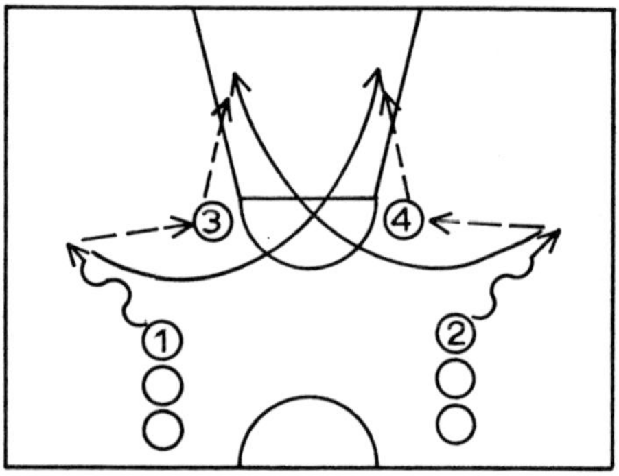

Abbildung 95

Metern stoppen sie ab, passen zu 3 bzw. 4 und schneiden an 3 bzw. 4 vorbei zum Korb. 1 erhält den Ball von 4 zum Korbleger, 2 von 3. Die Werfer (hier 1 und 2) müssen darauf achten, einen Zusammenstoß zu vermeiden. 1 und 2 schließen sich der jeweils anderen Gruppe an.

E. Übungsformen zum Spiel 2 gegen 2

Die nachstehenden Übungsformen zum Spiel 2 gegen 2 vermitteln neben *technischen Fertigkeiten* wie Passen, Fangen, Dribbeln und Werfen auch *taktisches Verständnis.* Diese „Spielzüge“, die leicht als komplexe Übungsformen in die Übungsstunde oder das Training integriert werden können, sind als Vorbereitung zum taktischen Spiel zu verstehen. Sie vermitteln bereits die wesentlichen Elemente im Übergang vom individuellen zum kollektiven Verhalten der Spieler in Offensive und Defensive, ohne zuviel taktisches Verständnis vorauszusetzen. Die Beherrschung dieser Spielformen 2 gegen 2 ist jedoch für das spätere Spiel von größter Bedeutung.

1. Durchziehen (Abb. 96):

Übungsziel: Der Angreifer soll lernen, zum Korb durchzuziehen, wenn er einen schwachen Verteidiger vor sich hat.

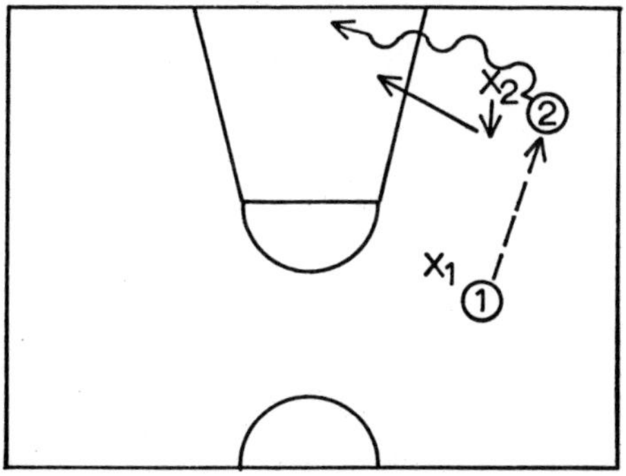

Abbildung 96

Ausführung: 1 paßt zu 2. 2 täuscht nach einer Seite an und zieht zur anderen Seite durch.

2. „Hintertür“ (Abb. 97):

Übungsziel: Der Angreifer soll lernen, einen aggressiven Verteidiger, der schon das Anspiel verhindern will, zu überwinden.

Foto Nr. 11 (Seite 67) zeigt eine Spielsituation, in der diese Aktion des Angreifers möglich ist. Der Spieler Nr. 9 kann durch eine Bewegung zum Ball, als wollte er sofort angespielt werden, den Verteidiger in eine nachteilige Position versetzen und den Ball zu einem Korbwurf erhalten.

Ausführung: 2 kommt mit einem schnellen Schritt auf 1 zu. Geht x_2 schnell mit, um ein Anspiel zu verhindern, löst sich 2 blitzschnell zum Korb und erhält von 1 einen Bodenpaß zum Korbleger.

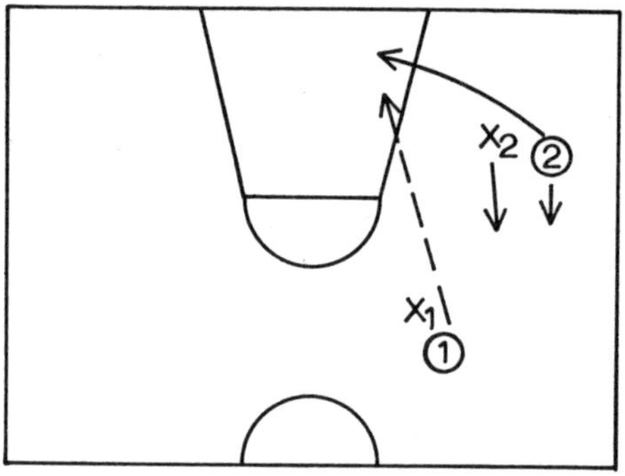

Abbildung 97

3. Schneiden zum Korb (Abb. 98, 99):

a) Verhalten der Angriffsspieler:

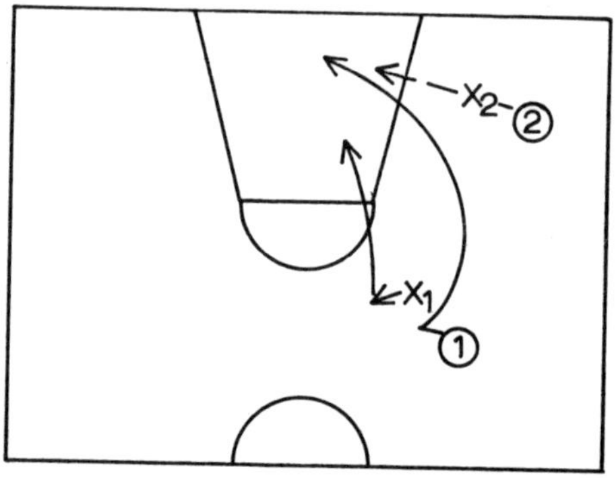

Abbildung 98

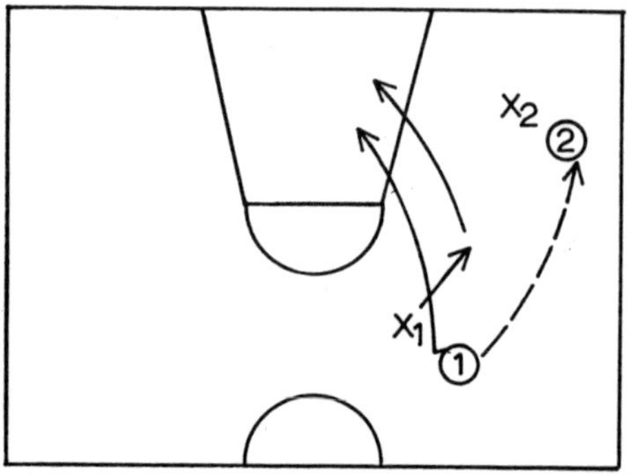

Abbildung 99

Übungsziel: Antäuschen und Schneiden zum Korb.

Ausführung: 1 paßt zu 2, täuscht nach der linken Seite an, schneidet dann nach rechts zum Korb und erhält den Ball von 2 zurück.

b) Verhalten der Verteidigungsspieler.

Übungsziel: Der Verteidiger soll lernen, den Vorgang a) zu verhindern.

Ausführung: 1 paßt zu 2; x_1 folgt dem Paß etwa 1—2 Meter und bleibt so zwischen Ball und 1; ein direkter Paß von 2 zu 1 soll auf Kosten eines möglichen Bogenpasses verhindert werden.

4. Block mit Durchziehen (Abb. 100, 101):

a) Verhalten der Angriffsspieler.

Übungsziel: Die Verteidigung soll durch einen direkten Block ausgespielt werden. Ausführung: 1 paßt zu 2 und läuft so an x_2 heran, daß er einen Block für 2 stellt. 2 täuscht nach rechts an und dribbelt links an x_2 vorbei zum Korb.

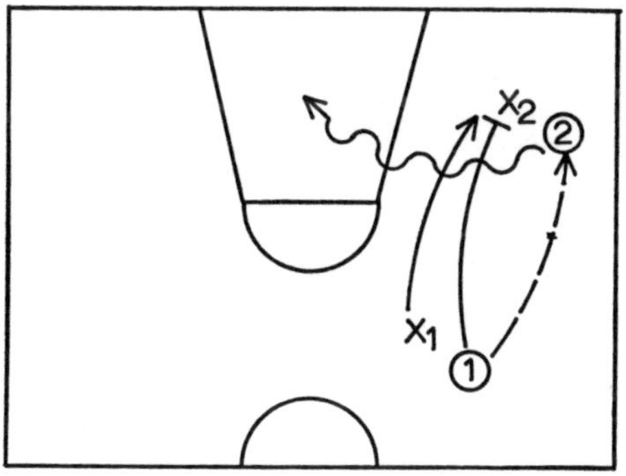

Abbildung 100

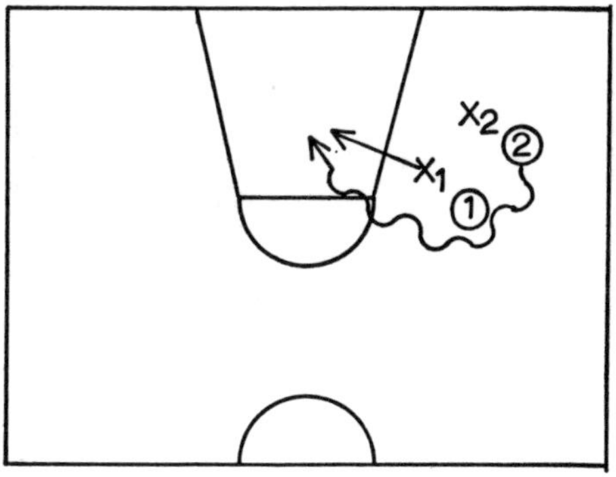

Abbildung 101

Foto Nr. 12 (Seite 68) zeigt einen solchen Block. Der Spieler Nr. 15 hat sich so gestellt, daß der Ballbesitzer dribbeln kann, ohne daß der verdeckte Verteidigungsspieler eingreifen kann.

b) Verhalten der Verteidiger.

Übungsziel: Die Verteidigung soll lernen, den Vorgang a) zu verhindern.

Ausführung: Nachdem 1 einen Block x_2 gestellt hat, und 2 nach innen dribbelt, kann x_1 den durchgebrochenen Dribbler übernehmen, wenn x_2 zu spät kommen würde.

5. Ausnutzen eines Blocks zum Durchziehen (Abb. 102):

Übungsziel: Der Angreifer soll lernen, seinen Verteidiger an einem von seinem Mitspieler gestellten Block abzustreifen.

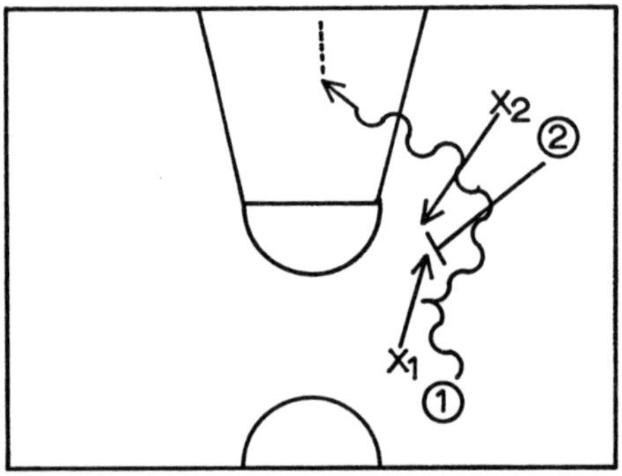

Abbildung 102

Ausführung: 2 kommt ohne Ball im Rücken von x_1 ein paar Schritte auf 1 zu. 1 dribbelt nach links und geht dann rechts an dem von 2 gebildeten Block vorbei.

6. Abstreifen eines Gegenspielers (Abb. 103):

Übungsziel: Die Angreifer sollen lernen, durch geschicktes Stellungsspiel ihre Gegenspieler auszuspielen.

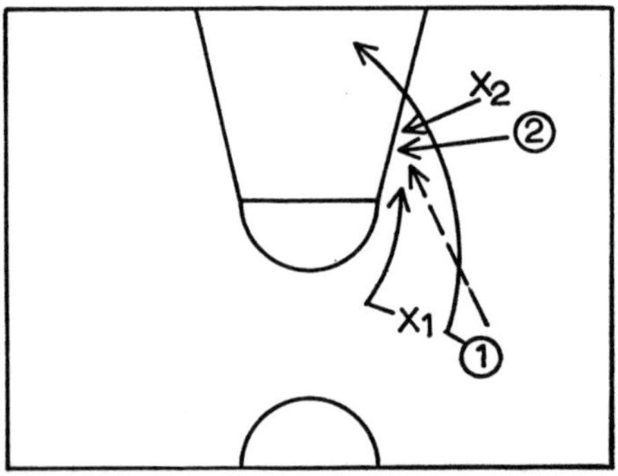

Abbildung 103

Ausführung: 2 läuft zwei Schritte nach innen mit Rücken zum Korb. 1 paßt zu 2 und täuscht ein Durchschneiden nach innen an, geht dann aber außen eng an 2 vorbei und erhält von 2 den Ball. Wird dies richtig ausgeführt, wird x_1 an 2 hängen bleiben oder zumindest kurz aufgehalten.

7. Vortäuschen eines Passes (Abb. 104):

Übungsziel: wie 6.

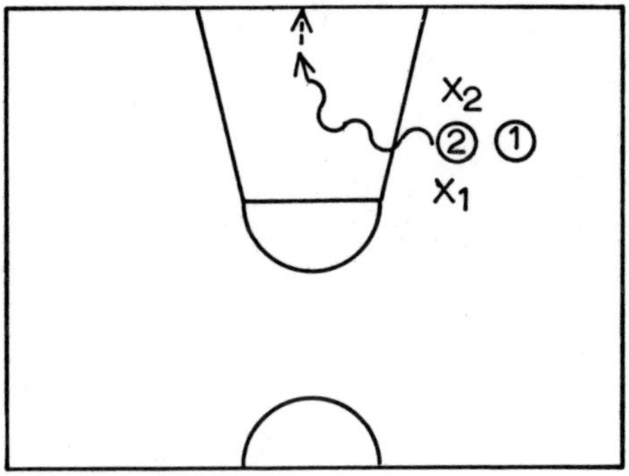

Abbildung 104

Ausführung: wie 6. In dem Augenblick, in dem 1 an 2 vorbeischneidet, täuscht 2 nur einen Paß zu 1 an, geht aber selbst nach innen und wirft.

8. Rückpaß zum Wurf (Abb. 105):

Übungsziel: wie 6.

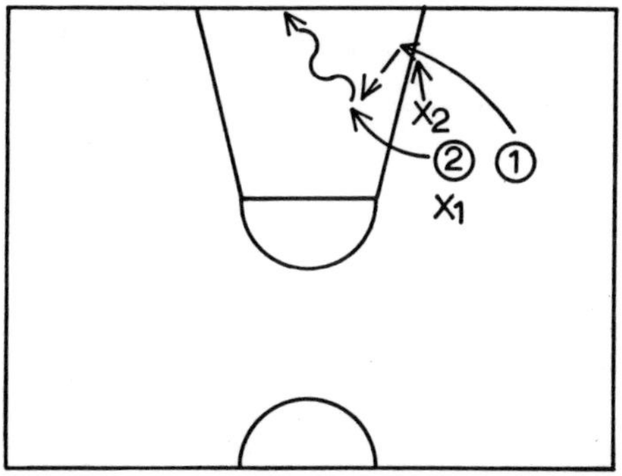

Abbildung 105

Ausführung: wie 6. Übernimmt x_2 den durchschneidenden Spieler 1, so löst sich 2 nach innen und erhält von 1 den Ball zum Wurf.

9. Sprungwurf hinter einem Schirm (Abb. 106):

Übungsziel: Wurf aus der Halbdistanz, wenn x_1 und x_2 ein Durchschneiden durch Zurückziehen verhindern wollen.

Ausführung: wie 6. Sollten x_2 und x_1 den Weg nach innen versperren, so stoppt 1 ab, erhält den Ball und wirft einen Sprungwurf.

10. Sprungwurf aus der Ecke nach Abstreifen des Verteidigers (Abb. 107):

Übungsziel: Die Angreifer sollen lernen, durch geschicktes Stellungsspiel und verdeckte Laufwege zu einem Wurf zu kommen.

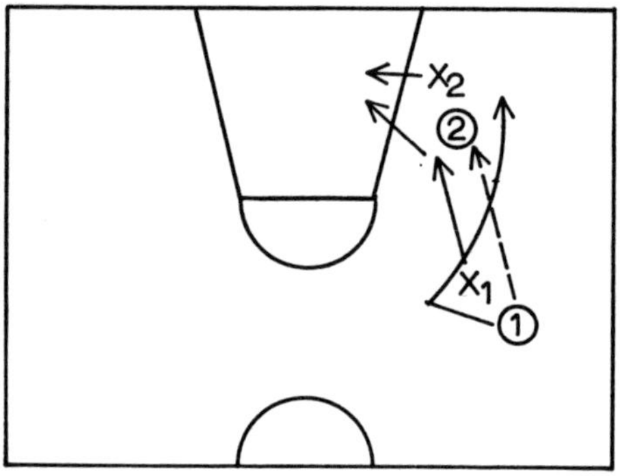

Abbildung 106

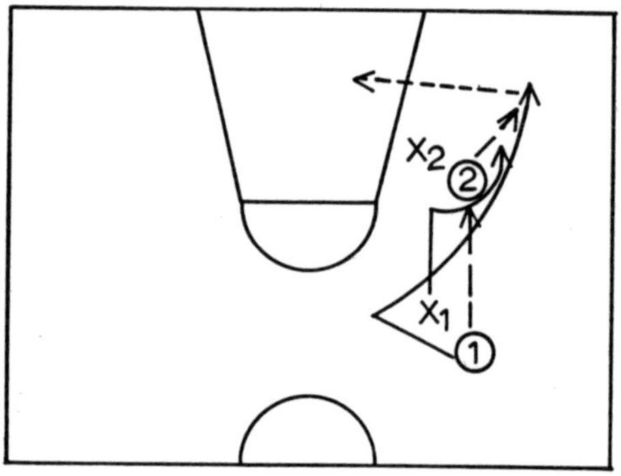

Abbildung 107

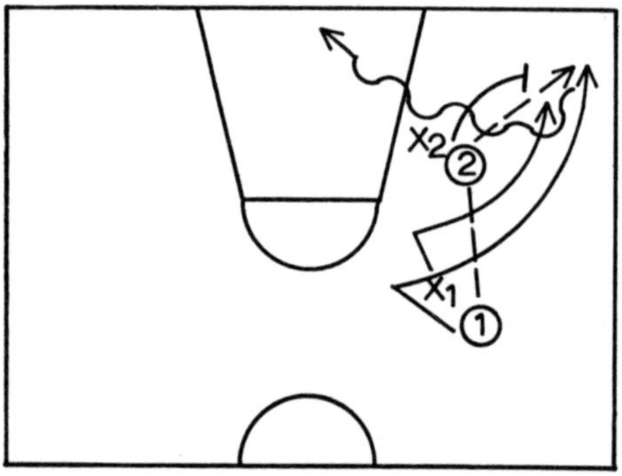

Abbildung 108

Ausführung: 1 paßt zu 2 und läuft außen an 2 vorbei in die Ecke. Kommt er frei, erhält er von 2 den Ball und wirft einen Sprungwurf.

11. Durchziehen aus der Ecke mit Hilfe eines Blocks (Abb. 108):

Übungsziel: Erkennen der Spielsituation und der Möglichkeiten, die sich daraus ergeben.

Ausführung: wie bei 10. Folgt der Verteidiger x_1 dem Angreifer 1 in die Ecke, so stellt 2 einen Block für 1 zum Durchziehen.

F. Erläuterung der Fachausdrücke

Block: Die Stellung eines Angriffsspielers, um einem Mitspieler zu helfen, seinen Verteidiger abzustreifen.

Durchziehen: Der Einzelangriff eines Spielers, beginnend aus dem Stand.

Post: Ein Angriffsspieler, der mit Rücken zum gegnerischen Korb steht. Hier wird ein Spieler in dieser Stellung auf der Freiwurflinie verstanden.

Rebound: Der nach einem Fehlwurf vom Korb oder Spielbrett abprallende Ball.

Rebounddreieck: Die Position, die von den Verteidigern nach einem Wurf eingenommen wird, um alle drei möglichen Richtungen, in die der Ball abspringen kann, abzudecken.

Schnellangriff: Der überraschende schnelle Gegenangriff, noch bevor sich die verteidigende Mannschaft formiert hat.

Verteidigungsstellung: Die spezielle Stellung eines Verteidigungsspielers, der Stellung eines Boxers ähnlich.

G. Literatur

Budinger/Volfer: Basket-Ball-Lehren, Kriftel (Taunus) 1964.

Hagedorn, G.: Das Basketballspiel, Köln 1968.

Lakfalvi, L.: Basketball, Technik — Taktik — Training — Wettkampf, Frankfurt 1969.

Mahlo, Friedrich: Basketball-Grundschule, Berlin 1962.

Pinholster: Encyclopedia of Basketball Drills, Englewood Cliffs, N. J. 1965.

Stöcker, G.: Schulspiel Basketball — Vom Spielen zum Spiel, Schriftenreihe zur Praxis der Leibeserziehung und des Sports, Band 12, Schorndorf 1966.

Waldowski, L.: Grundschule des Basketballspiels, Münster 1964.

Wooden, John: Practical Modern Basketball, New York 1966.

Anschrift des Verfassers:

Prof. Dr. Hannes Neumann
Oberhof 36
6300 Gießen 1

Beiträge zur Lehre und Forschung im Sport

HERAUSGEGEBEN VOM AUSSCHUSS DEUTSCHER LEIBESERZIEHER

1 Seybold, **Pädagogische Prinzipien in der Leibeserziehung,** 7. Auflage

2 Popplow, **Leibesübungen und Leibeserziehung in der griechischen Antike,** 5. Auflage

3 Nöcker, **Die biologischen Grundlagen der Leistungssteigerung durch Training,** 6. Auflage

4 Beyer, **Die amerikanische Sportsprache,** 2. Auflage

5 Zschietzschmann, **Wettkampf- u. Übungsstätten in Griechenland** – I. Das Stadion

6 Bernett, **Die pädagogische Neugestaltung der bürgerlichen Leibesübungen durch die Philanthropen,** 3. Auflage

7 Hammelsbeck, **Leibeserziehung in der Gesamterziehung,** 2., erweiterte Auflage

8 Zschietzschmann, **Wettkampf- u. Übungsstätten in Griechenland** – II. Palästra – Gymnasion

9 Mester, **Freizeitpädagogik** (vergriffen, keine Neuauflage)

10 Mehl, **Grundriß der Weltgeschichte des Schifahrens** (1. Teil)

11 **Terminologie der Leibeserziehung,** (vergriffen, Nachfolgeband Band 49/50)

12 Nohl, **Schuld und Aufgabe der Pädagogik**

13 Drees, **Der Ursprung der Olympischen Spiele,** 2. Auflage

14 Buytendijk, Christian, Plügge, **Über die menschliche Bewegung als Einheit von Natur und Geist**

15 Herzfeld, **Freizeit – Problem u. Aufgabe**

16 Minkowski, **Das Ringen im Grüblein**

17/18 Lenk, **Werte – Ziele – Wirklichkeit der modernen Olympischen Spiele,** 2. Auflage

19 Wildt, **Auswanderer und Emigranten in der Geschichte der Leibesübungen**

20 Koch, **Die Leibesübungen im Urteil der antiken und frühgeschichtlichen Anthropologie**

21 Haubrich, **Die Bildsprache des Sports im Deutsch der Gegenwart**

22 Diem †, **Gedanken zur Sportgeschichte**

23 Schmitz, **Die Leibesübungen im Erziehungsdenken Johann Friedrich Herbarts**

24 Hoffmann, **Frau und Leibesübungen im Wandel der Zeit** (vergriffen)

25 Grupe, **Studien zur pädagogischen Theorie der Leibeserziehung,** 2. Auflage

26 Bernett, **Grundformen der Leibeserziehung,** 3. Auflage

27 Schmitz, Studien zur Didaktik der Leibeserziehung I, **Fachdidaktische Analysen und Grundlagen,** 3. Auflage

28 Röthig, **Rhythmus und Bewegung,** 2. Auflage

29 Lindner †, **Sprung und Wurf** (vergriffen)

30 Linde / Heinemann, **Leistungsengagement und Sportinteresse,** 2. Auflage

31 Schmitz, Studien zur Didaktik der Leibeserziehung II, **Grundstruktur des didaktischen Feldes,** 2. Auflage

32 Neumann, **Die deutsche Turnbewegung in der Revolution 1848/49 und in der amerikanischen Emigration**

33 Schneider, **Puritanismus und Leibesübungen**

34 Dieckert, **Die Turnerjugendbewegung**

35 Kramer, **Körpererziehung und Sportunterricht in der DDR** (vergriffen)

36 Ungerer, **Zur Theorie des sensomotorischen Lernens,** 3. Auflage

37 Lenk, **Leistungsmotivation und Mannschaftsdynamik,** 2. Auflage

38 Weidemann, **Die Herz- und Kreislaufbelastung im Hallensportunterricht**

39 Bernett, **Sportpolitik im Dritten Reich**

40 Schmitz, Studien zur Didaktik der Leibesübungen III, **Bewegungslernen im Sportunterricht,** 3. Aufl.

41 Haag, **Die amerikanische Gesundheitserziehung**

42 Volkamer, **Zur Problematik motorischer Entwicklungstests**

43 Stöcker, **Volkserziehung und Turnen**

44 Recke, **Die französische Sportsprache**

45 Schmitz, Studien zur Did. der Leibeserziehung IV, **Lehr-, Unterrichts- und Curriculumprobleme** 2. Auflage

46 Widmer, **Sportpädagogik,** 2. Auflage

47 Schwidder, **Bewußtsein und Natürlichkeit in der menschlichen Bewegung**

48 Seybold, **Didaktische Prinzipien der Leibeserziehung,** 2. Auflage

49/50 **Sportwissenschaftliches Lexikon,** (Redaktion Röthig), 4. Auflage

51 Paschen, **Beiträge zur Sportpädagogik**

52 Bernett, **Untersuchungen zur Zeitgeschichte des Sports**

53 Obholzer, **Geschichte des Skis und des Skistockes**

54 Bach, **Struktur und Funktion der Leibesübungen in den Jugendorganisationen von 1914**

55 Warwitz, **Interdisziplinäre Sporterziehung**

56 Schaller, **Spielerziehung – Gegenstand und Programmatik eines sportpädagogischen Begriffes**

57 Heisterkamp, **Die Psychodynamik von Kampfspielen**

58 Strych, **Der westdeutsche Sport in der Phase der Neugründung 1945–1950**

59 Grosser, **Psychomotorische Schnellkoordination**

60 Herrmann, **Die Fußballfans**

61 Vanek, **Zur Persönlichkeit des Sportlers**

62 Stündl, **Freizeit- und Erholungssport in der DDR**

63/64 Martin, **Grundlagen der Trainingslehre,** Teil I

65 Wiegand, **Schülerbeurteilung und Schülerverhaltensweisen**

66 Vogt, **Motorik 3- bis 6jähriger Kinder**

67 Franke, **Theorie und Bedeutung sportlicher Handlungen**

68 Kramer-Lauff, **Tanzdidaktik**